U0498877

图书在版编目 (CIP) 数据

张爱玲事迹 / 止庵著 . —北京 : 商务印书馆，
2023
ISBN 978-7-100-22586-1

Ⅰ . ①张… Ⅱ . ①止… Ⅲ . ①张爱玲（1920–1995）
– 生平事迹 Ⅳ . ① K825.6

中国国家版本馆 CIP 数据核字 (2023) 第 109307 号

权利保留，侵权必究。

张爱玲事迹

止庵　著

——————————————————

商 务 印 书 馆 出 版
（北京王府井大街 36 号　邮政编码 100710）
商 务 印 书 馆 发 行
北京新华印刷有限公司印刷
ISBN　978-7-100-22586-1

——————————————————

2023 年 10 月第 1 版　　开本　787×1092　1/32
2023 年 10 月第 1 次印刷　　印张　7⅛

定价：68.00 元

目　录

序

一直打算写篇"关于张爱玲的传记"之类的文章，不是对坊间相关作品的评介，只想说自己曾为这样一本书准备多年，何以最终决定放弃。一言以蔽之曰，材料不够。而这也就是我对现有此类书籍总的看法，即便写得顶认真的余斌著《张爱玲传》（海南出版社一九九三年十二月初版）、司马新著《张爱玲与赖雅》（大地出版社一九九六年五月初版）也不例外，其余则"自郐以下无讥焉"。盖此问题非写作态度认真所能解决，所谓"巧妇难为无米之炊"是也。真要认真的话，只好作罢不写。

　　我讲写张爱玲传记材料不够，有朋友说，怎么不够，要多少才算够呢。我知道这里有个观念问题，一下子很难取得共识，假如不曾认真读过几部译介过来的正儿八经的人物传记的话。我曾说，传记写作，以下几点均系要事：（一）材料；（二）观念；（三）切入角度与剪裁；（四）文笔。材料可靠与充分是关键的第一步。作者所写须是事实，须有出处；材料最好是第一手的，力戒辗转因袭；援引他人记载，要经过一番核实，不可道听途说；孤证不立，应另具材料参照对比。传记属于非虚构作品，这一底线不可移易。写传记有如写历史，不允许任何"合理想象"或"合理虚构"，不能将传记与传记小说混为一谈。然而作者以小说写法来写传记，读者对小说和传记不加区别，在我们这儿可谓是个源远流长、根深蒂固的坏传统。

撰写历史要讲"史德"，传记也不例外；凭空捏造包括细节在内的内容，至少有违"修辞立其诚"。譬如张爱玲逝世后，见过遗容而又留下文字记载的，只有她的遗嘱执行人林式同一位，而他只在《有缘得识张爱玲》一文中写道："张爱玲是躺在房里唯一的一张靠墙的行军床上去世的，身下垫着一床蓝灰色的毯子，没有盖任何东西，面朝着房门，脸向外，眼和嘴都闭着，头发很短，手和腿都很自然地平放着。她的遗容很安详，只是出奇的瘦，保暖的日光灯在房东发现时还亮着。"宋以朗著《宋淇传奇：从宋春舫到张爱玲》（牛津大学出版社二〇一四年十月初版）一口气列举了八种张爱玲传记的相关描写，诸如"她平躺在卧室的地板上"、"身下铺着一条精致的地毯"，"她穿旗袍——是一件赭红色的旗袍"，"惟一的家具那张岩石桌子的桌面上摊开着一部尚未完稿的长篇小说：《小团圆》"，等等，不是向壁虚构，就是以讹传讹。我们的传记作者好像总是不甘平淡，要变着法儿地写得热闹一点——他们应该去写小说才对，尽管这样写出的也是那路蹩脚的小说。有人说，正因为林式同语焉不详，才给传记作者留下发挥想象的空间。岂不知他记录这些，只为告诉世人张爱玲乃是善终，是以落笔适可而止，自有对故者的一份爱护尊重。——顺便讲一下，林式同在张爱玲晚年对她多所照拂，执行遗嘱也克尽厥职，他并非张爱玲的崇拜者，甚至不读她的书，只为受人之托，便全力以赴，善始善终，形容以"古之君子"亦不为过。

我曾说，世上有两句话最危险，一是"想必如此"，一是"理所当然"，同样适用于传记写作。譬如张爱玲的短篇小说《色，戒》，她一九七四年四月一日致宋淇信中说："那篇《色，戒》（*Spy, Ring*）故事是你供给的，材料非常好。"宋淇在一九八三年接受水晶采访时详细讲过此事的来龙去脉：最初是他的一个电影剧本的题材，张爱玲一九五二年至一九五五年在香港时听他讲起，非常喜欢。她先用英文写了 *Spy, Ring*，未发表；七十年代经过与宋淇的反复讨论，改写成《色，戒》。当采访者说"我还以为是和胡兰成时代有关的故事"，宋淇指出："不是不是。那几个学生所做的，就是我们燕京的一批同学在北京干的事情。"又说："易某人绝对是——并不是modelled on 以丁默村为蓝本，是她 create 塑造出来的。"（见水晶《访宋淇谈流行歌曲及其他》）但张爱玲的传记中仍屡见这类说法："《色，戒》的故事与汪伪特工头子丁默村险些遇刺的经过相仿，对作者来说，故事原型可能来源于知情人胡兰成之口。"

　　说老实话，那种材料充实、分析深刻、写法独特的人物传记，咱们迄今为止还没有一部，包括有关鲁迅的在内。曾与朋友谈到，如今倘若要写鲁迅传，应该第一步，将后人虚构、附会、谣传的内容去掉；第二步，将前人回忆文章失实、误记、捏造的内容去掉，还要甄别鲁迅自己回忆的虚实；第三步，剩下多少真实的材料，就用多少材料，但不妨留意此前各种传记所忽略或轻视，实际上并非不重要的内容。要写张爱玲传，亦当如此。接下来就看可用的材料，是不是够写一本书的。回到鲁迅，尽管早已成立了几处纪念馆、博物馆，专门的研究者也为数众多，但就迄今公表的生平材料来看，离齐备还差得远，也许求之更多根本就不可能了。

张爱玲去世迄今，已有不少材料面世，对传记写作不无裨益。大致可分为三类，其一是她的作品，这又包括首次面世的遗作，以及曾经发表但未收入她生前出版的全集的"佚文"，前者有《异乡记》（一九四六年作）、*The Fall of the Pagoda*（《雷峰塔》）和 *The Book of Change*（《易经》；以上两种原系一书，一九五六年至一九六一年作）、*The Young Marshal*（《少帅》，一九六三年至一九六四年作，未完成；以上三种皆已由他人译为中文出版）、《小团圆》（一九七六年作）、《同学少年都不贱》（一九七八年作）、《重访边城》（一九八三年作）和《爱憎表》（一九九〇年作，未完成）等，还有英译 The Sing-song Girls of Shanghai（《海上花列传》，一九六七年以后译，仅存未定稿，已由他人修订出版），后者有《郁金香》（一九四七年发表）及若干篇散文。此外冯晞乾《张爱玲神秘的笔记簿》（收《在加多利山寻找张爱玲》，三联书店（香港）有限公司二〇一八年七月初版）有云，"宋以朗保管的张爱玲遗物中，确有一本鲜为人知的笔记簿，记下她的日常思想、感受、观察和阅读心得等"，"簿长二十厘米，阔十三厘米，厚二百页，绿麻布封面已在岁月中褪色，簿内密麻麻写满中英文字，只有中间十四页空白。"该文披露了笔记簿的部分内容。

其二是张爱玲的书信，较大宗的有宋以朗编《纸短情长：张爱玲往来书信集Ⅰ》（皇冠文化出版有限公司二〇二〇年九月初版）、《书不尽言：张爱玲往来书信集Ⅱ》（皇冠文化出版有限公司二〇二〇年九月初版），夏志清编注《张爱玲给我的信件》（联合文学出版社股份有限公司二〇一三年三月初版），庄信正编注《张爱玲庄信正通信集》（新星出版社二〇一九年五月增订再版），此外还有些零散信件，其中尤可留意的是张爱玲一九六六年六月四日致美国驻英国大使馆的信（见黄康显《张爱玲的香港大学因缘》），可略知她一九五二年如何以继续香港大学学业为由离开大陆；还有一九六二年初致赖雅的六封信（见高全之《倦鸟思还——张爱玲写给赖雅的六封信》），可了解她一九六一年十月至一九六二年三月滞留香港期间的境况。

其三是其他相关资料。包括回忆录，如庄信正《初识张爱玲》、杨荣华《张爱玲召见记》、於梨华《来也匆匆——忆张爱玲》、高克毅《张爱玲的广播剧——记〈伊凡生命中的一天〉》、刘绍铭《落难才女张爱玲》、林式同《有缘得识张爱玲》和朱谜《张爱玲故居琐记》等。末了一文可视为林文的补遗——林氏有云："在清理张爱玲的房间之前，我曾顾虑到那是女士的寝室，有些东西整理起来可能不方便，于是我请了在台湾教过的女学生朱谜来帮忙，她在图书馆做事，心很细，一定会胜任的。"亦见其处事之谨慎周到。这方面的文章，还有此前发表的陈若曦《张爱玲一瞥》、邝文美《我所认识的张爱玲》和宋淇《私语张爱玲》等。采访记，如舒明《"我的同学张爱玲……"——顾淑琪女士访问记》、丘彦明《张爱玲在台湾——访王祯和》、高全之《张爱玲与香港美新处——访问麦卡锡先生》、彭树君《瑰美的传奇，永恒的停格——访平鑫涛谈张爱玲著作出版》等，加上早先刊出的殷允芃《访张爱玲女士》、水晶《蝉——夜访张爱玲》和《夜访张爱玲补遗》——不过水晶说："我一向访问不录音，这一点不很像记者，所以写出来的访问记只是印象记。"（《访宋淇谈流行歌曲及其他》）

有关上述诸作以及下文提到的他人回忆文章，张爱玲一九八七年五月二日致宋淇夫妇信中所言，不啻是种提醒："《联合文学》上郑树森文内说 Ferd〔即赖雅〕半身不遂，想必是引 Lyon 的书〔指 *Bertolt Brecht's American Cicerone*（1978）〕。——那本书我只匆匆翻了翻，没看——想是 Ferd 女儿告诉他 Ferd 最后两年卧床不起（bedridden），Lyon 缠夹。看来中外访问者一样靠不住。王祯和文内说听麦卡赛太太说我旅费只够到洛杉矶，这话更不知从何而来。我告诉麦卡赛太太 Ferd 那里有足够的钱住医院，又有他女儿在那里，她又能干，我可以不必赶去，还是照原定计划到香港去做点事。根本没提旅费的话，她不会对别人说任何可供缠夹的话。似是祯和不懂我为什么不回美，当时揣测，除非是路费不够到华府；多年后追忆，误以为是听麦卡赛太太说的。我想连同圣校汪老师说我为一首打油诗差点没毕业的话——其实是物理不及格——写一篇辨正，实在没时间。"当然张爱玲自己的记忆也未必一定准确，譬如所作《忆〈西风〉——第十七届时报文学奖特别成就奖得奖感言》云："一九三九年冬——还是下年春天？——我刚到香港进大学，《西风》杂志悬赏征文，题目是《我的……》，限五百字。首奖大概是五百元，记不清楚了。……我写了篇短文《我的天才梦》，寄到已经是孤岛的上海。没稿纸，用普通信笺，只好点数字数。受五百字的限制，改了又改，一遍遍数得头昏脑胀。务必要删成四百九十多个字，少了也不甘心。"实则一九三九年九月《西风》第三十七期所载《〈西风〉月刊三周年纪念现金悬赏征文启事》明言"五千字以内"，而一九四〇年八月《西风》第四十八期所载《我的天才梦》一文约一千四百字。香港大学美术博物馆新近举办了"百年爱玲，人文港大：张爱玲百年诞辰纪念文献展"，展品包括张爱玲香港大学学籍纪录和成绩单，香港大学师生一九四〇年秋季和一九四一年秋季的合影，一九四一年五月香港大学文学院议会奖励张爱玲何福奖学金和香港大学校级参议会通过张爱玲所获何福奖学金的记录，等等。邝文美所记《张爱玲语录》（收宋以朗编《张爱玲私语录》，台湾皇冠出版社二〇一〇年七月出版）也当归在此类。

如果将张爱玲的一生以一九五五年前往美国为界分为前后两期，根据现有材料，我们对后期工作方面知道得较为详细，生活方面则相对少些——那些信件更偏重于谈论写作、翻译、修改、发表之类事情。后一方面另有重要材料，还没完全公之于众，譬如赖雅一九五六年至一九六三年间的日记，司马新著《张爱玲与赖雅》曾作为参考，周芬伶也写过介绍文章，但整本日记迄未付梓及译为中文。此外夏志清作《〈张爱玲与赖雅〉序》介绍，司马新还曾"同赖雅与其前妻所生之女儿会谈了多次，也访问了几位张、赖结缡期间所交识的朋友"，可惜采访记未见揭载，这本传记又有失严谨，没有具体注明所写内容的出处。

至于张爱玲早年的生平，我们了解的远远不足，而且几乎无从弥补。除了她这一时期的作品可供介绍分析外，从出生到一九三九年离开上海，传记作家主要利用她自己写的《私语》及《童言无忌》，加上张子静、季季合著的内容相当有限的《我的姊姊张爱玲》（INK 印刻出版有限公司二〇〇五年十月初版），以及中学老师汪宏声作《记张爱玲》等个别文章；一九三九年至一九四二年在香港读书，主要利用她写的《烬余录》；以后回到上海，当时有周瘦鹃、平襟亚等的文章，《杂志》、《万象》、《天地》等报刊上的报道，如《崔承喜二次来沪记》、《女作家聚谈会》、《〈传奇〉集评茶会记》、《苏青张爱玲对谈记》、《纳凉会记》等，还有她自己散文中的零碎记载。

至于与胡兰成的关系，则几乎无一不是将胡著《今生今世》（上册ジャーナル社一九五八年十二月初版，下册ジャーナル社一九五九年九月初版）写到她的章节重述一遍，添加些嘲讽批判的点评而已。听信胡兰成的一家之言，进而骂他或夸他，怎么说也差点事儿。关于此书张爱玲早已说过："胡兰成书中讲我的部分缠夹得奇怪，他也不至于老到这样。"（一九六六年十一月四日致夏志清）对另外一部胡著《山河岁月》亦云："你说看到有些提到我的地方很有兴趣，其实所引的我的话统统 misquoted［失实］。但是我再一想到另一方面，他所说的话我全忘记了，而要查参考书，不由得失笑。"（一九五六年四月十一日致邝文美）《今生今世》有些内容早已三人成虎，然而根本无从核查。譬如："因我说起登在《天地》上的那张照片，翌日她便取出给我，背后还写有字：'见了他，她变得很低很低，低到尘埃里，但她心里是欢喜的，从尘埃里开出花来。'"一九四四年一月《天地》第四期登过张爱玲一张照片不假，但所谓背面写了字的原件迄今未见，殊难断定确有其事，也不能辄言那就是张爱玲的手笔。又如："爱玲喜在房门外悄悄窥看我在房里。她写道：'他一人坐在沙发上，房里有金粉金沙深埋的宁静，外面风雨淋琅，漫山遍野都是今天。'"这段话同样不见于张爱玲的任何文章。一九四五年至一九五二年，有关张爱玲生活方面的信息就更少了，只知道一九四六年初去过一趟温州，《异乡记》即此行记录；与桑弧之间有过一段没有结果的恋情；一九五〇年七月出席上海第一届文学艺术工作者代表大会；至于是否曾到苏北参加土改，唯有殷允芃采访记中这段话可能对得上号："写《秧歌》前，她曾在乡下住了三四个月。那时是冬天。'这也是我的胆子小，'她说，缓缓的北平话，带着些安徽口音：'写的时候就担心着，如果故事发展到了春天可要怎么写啊？'《秧歌》的故事，在冬天就结束了。"此外魏绍昌、李开第所言均无真凭实据。一九五二年至一九五五年在香港，有麦卡锡、宋淇等人的回忆，但仍不无空白，比方说一九五二年十一月至次年二月张爱玲曾去日本，欲谋职业，无果而返，除了她自己在前述致美国驻英国大使馆的信中约略提及，别无线索可寻。未闻张爱玲平生写过日记，与后期已发表的不下一千封往来信件相比，前期的书信连同残件在内仅有寥寥数通存世。

传记材料可以分为两类，一是文献之类死材料，一是关系人这种活材料，前者放在图书馆或收藏家那里，有待研究者或早或晚发掘出来，后者却有时间限制，实在等不了那么久。举个例子，《雷蒙德·卡佛：一位作家的一生》的作者卡萝尔·斯克莱尼卡说："在这部传记的写作过程中，我被授予从成百上千位卡佛的亲戚、朋友和同事那里捕捉故事的特权。"又说："从最初的一九九四年开始，直到本书完稿的二〇〇九年，十几年间，我当面或打电话进行了大量采访。"书中不少信息得自作者一九九八年对时年九十二岁的卡佛岳母艾丽丝·里奇·里德的访问，而她在两年之后就去世了。不能不佩服作者功夫下得深入，而且及时。如果从唐文标一九七四年在图书馆寻出《连环套》、《创世纪》算起，对有关张爱玲的材料的搜寻起步并不太晚。她的前半生有几位重要的见证人，包括姑姑、炎樱和苏青。《连环套》等"出土"时，苏青尚在人世；《小艾》"出土"时，姑姑也还活着。这两位"张边人物"都没有留下回忆文字或口述记录。炎樱故去尚在张爱玲之后,她接受过司马新的采访,但从披露的内容看,涉及张爱玲早年的情况似乎并未谈到。仅仅关于《今生今世》,三位就有可能提供一些可资对照的说法,而她们所知道的远远不限于此。

或者要说,张爱玲不是写了一部《小团圆》吗,传记作家难道不能由此获取一些材料。但《小团圆》及其部分前身《雷峰塔》、《易经》都是自传体小说,不能等同于自传;它们顶多对现存传记材料有些佐证的价值,更多时候反而会起到颠覆的作用。譬如《今生今世》云:"于是六月十日来了爱玲的信。我拆开才看得第一句,即刻好像青天白日里一声响亮,却奇怪我竟是心思很静。爱玲写道:'我已经不喜欢你了,你是早已不喜欢我了的。这次的决心,我是经过一年半的长时间考虑的,彼时惟以小吉故,不欲增加你的困难。你不要来寻我,即或写信来,我亦是不看的了。'"又云:"信里说的小吉,是小劫的隐语,这种地方尚见是患难夫妻之情。"《小团圆》则云:"那天他走后她写了封短信给之雍。……昨天告诉他他们感情破裂的原因，燕山冷笑道：'原来是为了吃醋。'因此她信上写道：'我并不是为了你那些女人，而是因为跟你在一起永远不会有幸福。'本来中间还要加上两句：'没有她们也会有别人，我不能与半个人类为敌。'但是末句有点像气话，反而不够认真。算了，反正是这么回事，还去推敲些什么。"两造的说法毫无一致之处，张爱玲这封信到底是怎么写的，《小团圆》自然难以采信，但也不能说《今生今世》就一定可靠。

《小团圆》写到汤孤鹜，说"他当然意会到请客是要他捧场，他又并不激赏她的文字。因此大家都没有多少话说"；写到荀桦，则有"夹腿"之举。这些不能照搬进传记，但至少让我们想到，前一位的原型在《写在〈紫罗兰〉前头》中所云"一壁读，一壁击节，觉得它的风格很像英国名作家Somerset Maugham的作品，而又受一些《红楼梦》的影响，不管别人读了以为如何，而我却是'深喜之'了"、"我们三人谈了许多文艺和园艺上的话"，以及后一位的原型在《遥寄张爱玲》中所云"彼此以文字交往始，已经整整四十年，阔别至今，她也未尝从我内心深处的'亲友题名录'中注销，却是事实"，兴许都要打点折扣。而这两篇文章恰恰是传记作家一贯深信不疑的参考文献。

至于前面提到《今生今世》所述照片一事，《小团圆》有云："她有两张照片，给他看，因为照相没戴眼镜，她觉得是她的本来面目。有一张是文姬要登她的照片，特为到对门一家德国摄影师西坡尔那里照的，非常贵，所以只印了一张。阴影里只露出一个脸，看不见头发，像阮布然特的画。光线太暗，杂志上印得一片模糊，因此原来的一张更独一无二，他喜欢就送了给他。'这是你的一面，'他说另一张。'这张是整个的人。'杂志上虽然印得不清楚，'我在看守所里看见，也看得出你很高。'"大概张爱玲当年确实曾以肖像相赠，尽管这里对《天地》印刷效果的描述不很准确，但她是否在照片背面写过字，依然无法确定。

我讲了这么多，归纳起来无非即如本文开头所说，亦不违《庄子·齐物论》"知止其所不知，至矣"的训诫。这也不算"一篙打翻一船人"，首先针对的还是自己。不过整本的张爱玲传记写不成，如果有合适的材料，对于其生活与创作史上多有疑问或很少言及的问题，却不妨稍予考证。相比之下，我的兴趣更在创作史这一方面。今年大疫流行，蛰居京郊马坡，与友朋少有交往，唯读书以遣长日。忽然想到久矣夫顶着个"张爱玲研究者"的虚名，其实并没有正经写过什么文章。新作的这几篇或许稍稍近乎"研究"，然而目前所想谈的就是这些了。现汇编为一小册子，也算是这一年里个人留下的些许纪念。很久前读唐人姚汝能所著《安禄山事迹》，觉得书名很好玩；这回正好袭用，题之曰《张爱玲事迹》。

二〇二〇年十月三日

　　[附记] 张爱玲百岁冥诞前后，我写了几篇文章，除《也谈夏衍与张爱玲》已收入今年出版的《苦雾抄》外，其余尽管也是随笔写法，但分量较重，仍以单独成册为宜。此类书向例末尾附一参考书目，我也列过一个，成本的书就是序言及正文里提到的几本，单篇文章则多收

入陈子善编《私语张爱玲》（浙江文艺出版社一九九五年十一月初版）、《记忆张爱玲》（山东画报出版社二〇〇六年三月初版），蔡凤仪编《华丽与苍凉——张爱玲纪念文集》（皇冠出版社（香港）有限公司一九九六年四月初版）等集子，再就是张爱玲自己的著作，故恕不重复。记得有朋友说，鲁迅研究有"汉学"与"宋学"之分，前者重材料，后者偏义理，张爱玲研究规模要小许多，同样是这两路。这里列举的都是前一类，我写文章所参考者大致不出这一范围。

二〇二二年十月二十一日

从《香港传奇》到《传奇》

张爱玲的第一本短篇小说集《传奇》出版于一九四四年八月。自从事写作以来，出书实是她的最大心愿。《传奇》曾经有个前身《香港传奇》，如若问世要早差不多一年光景，不过胎死腹中了。

　　张爱玲的头两篇小说《沉香屑　第一炉香》、《沉香屑　第二炉香》，分别于一九四三年五、六、七月和八、九月在《紫罗兰》第二、三、四期和第五、六期上连载。《第二炉香》首次发表时，编者周瘦鹃在"写在《紫罗兰》前头"中说："张女士因为要出单行本，本来要求我一期登完的；可是篇幅实在太长了，不能从命，抱歉得很！但这第二炉香烧完之后，可没有第三炉香了；我真有些舍不得一次烧完它，何妨留一半儿下来，让那沉香屑慢慢地化为灰烬，让大家慢慢地多领略些幽香呢。"周文记述"一个春寒料峭的下午"张爱玲来访，有云："最近却做了两个中篇小说，演述两段香港的故事，要我给她看行不行，说着，就把一个纸包打开来，将两本稿簿捧了给我；我一看标题叫做《沉香屑》，第一篇标明《第一炉香》，第二篇标明《第二炉香》，就这么一看，我已觉得它很别致，很有意味了。当下我就请她把这稿本留在我这里，容细细拜读，随又和她谈起《紫罗兰》复活的事，她听了很兴奋，……"但待到《紫罗兰》登载《第二炉香》时，张爱玲投给《杂志》、《万象》的小说已经刊出或开始刊出。不论出于什么原因，她此后没有再与周瘦鹃及《紫罗兰》合作过。

同年八月《杂志》第十一卷第五期"文化报道"云："张爱玲之《香港传奇》短篇小说集，将由中央书店出版。"该期还登载了她的散文《到底是上海人》，其中有云："我为上海人写了一本香港传奇沉香屑，包括一炉香、二炉香、茉莉香片、心经、琉璃瓦、封锁、倾城之恋七篇。写它的时候，无时无刻不想到上海人，因为我是试着用上海人的观点来察看香港的。只有上海人能够懂得我的文不达意的地方。"（此处标点悉依《杂志》原刊文，收入散文集《流言》时第一句订正为："我为上海人写了一本香港传奇，包括沉香屑，一炉香，二炉香，茉莉香片，心经，琉璃瓦，封锁，倾城之恋七篇。"依然有错，"沉香屑"后边多了个逗号。）

周瘦鹃所云张爱玲要出版的"单行本"，显然就是《杂志》"文化报道"说的《香港传奇》，内容即《到底是上海人》中所列七篇，只是张爱玲写此文时仅有《沉香屑 第一炉香》和《茉莉香片》（一九四三年七月载《杂志》第十一卷第四期）两篇面世。《杂志》该期"编辑后记"有云："张爱玲女士的小说在本刊还是第一次出现，在《茉莉香片》中，对于一个在腐烂的家庭环境中生长起来的青年的变态心理有深入的刻划，写法也很新颖，更难得的，还由张女士自己插图，应向读者推荐。"然而我们知道此时七篇均已完成，且一概以香港为背景。《茉莉香片》开头说："我将要说给您听的一段香港传奇，恐怕也是一样的苦——香港是一个华美的但是悲哀的城。"也提到"香港传奇"。继而发表的《心经》、《琉璃瓦》和《封锁》，故事却都发生在上海，当是经过修改。《心经》篇末署"一九四三年七月"，《封锁》署"一九四三年八月"，《倾城之恋》署"一九四三年九月"，《琉璃瓦》署"一九四三年十月"，或即各篇定稿时间。

一九四三年九月十五日《海报》载秋翁《张爱玲之创作》云："（张爱玲）此次来沪，寄居某公寓，初持《沉香屑》小说稿二篇谒见瘦鹃，鹃公极赏其才，刊于《紫罗兰》。继以《心经》一稿投《万象》，同时投函及予，曾数次约谈，且以未刊稿三篇及已刊小说七篇，要求予代出单行本，复以纸贵如金箔，未成议。予将《倾城之恋》及另一篇长稿，退还爱玲，留下《琉璃瓦》一篇，备《万象》登载。爱玲之笔调得力于《红楼梦》说部，惜少变化。惟《琉璃瓦》俏皮流利，作风不同，伊自认为别出机杼之创作，不久将见《万象》。"秋翁即平襟亚，中央书店老板，《万象》即为该书店出版。所说"未刊稿三篇"即《琉璃瓦》、《封锁》和《倾城之恋》，"七篇"疑系"共七篇"之意。又，周班公云："《琉璃瓦》的原稿，我是看见过的。可是，我'奉命'把原稿退还了。"《〈传奇〉集评茶会记》，载一九四四年九月《杂志》第十三卷第六期）语焉不详，详情待考，此事当发生在张爱玲将三篇未刊稿交予平襟亚之前。

平襟亚所作《记某女作家一千元的灰钿》（载一九四四年八月十八、十九日《海报》）重提此事，所言更详细，关于张爱玲结缘《万象》之事有云："有一天下午，她独自捧了一束原稿到'万象书屋'来看我，意思间要我把她的作品推荐给编者柯灵先生，当然我没有使她失望。第一篇好像是《心经》，在我们《万象》上登了出来。往后又好像登过她几篇。"

柯灵晚年所写《遥寄张爱玲》（载一九八五年《读书》第四期）则云："我最初接触张爱玲的作品和她本人，是一个非常严峻的时代。一九四三年，珍珠港事变已经过去一年多，离第二次世界大战结束和中国抗战胜利还有两年。上海那时是日本军事占领下的沦陷区。当年夏季，我受聘接编商业性杂志《万象》，正在寻求作家的支持，偶尔翻阅《紫罗兰》杂志，奇迹似的发现了

《沉香屑——第一炉香》。张爱玲是谁呢？我怎么能够找到她，请她写稿呢？紫罗兰盦主人周瘦鹃，我是认识的，我踌躇再四，总感到不便请他作青鸟使。正在无计可施，张爱玲却出乎意外地出现了。出版《万象》的是中央书店，在福州路昼锦里附近的一个小弄堂里，一座双开间石库门住宅，楼下是店堂，《万象》编辑室设在楼上厢房里，隔着一道门，就是老板平襟亚夫妇的卧室。好在编辑室里除了我，就只有一位助手杨幼生（即洪荒，也就是现在《上海抗战时期文艺丛书》的实际负责人之一），不至扰乱东家的安静。旧上海的文化，相当一部分就是在这类屋檐下产生的。而我就在这间家庭式的厢房里，荣幸地接见了这位初露锋芒的女作家。那大概是七月里的一天，张爱玲穿着丝质碎花旗袍，色泽淡雅，也就是当时上海小姐普通的装束，肋下夹着一个报纸包，说有一篇稿子要我看看，那就是随后发表在《万象》上的小说《心经》，还附有她手绘的插图。会见和谈话很简短，却很愉快。谈的什么，已很难回忆，但我当时的心情，至今清清楚楚，那就是喜出望外。虽然是初见，我对她并不陌生，我诚恳地希望她经常为《万象》写稿。"

对照平襟亚当时的记载，可知柯灵所云"张爱玲却出乎意外地出现了"，实为自家老板所引荐；而《心经》一稿也是先交到平氏手里，"不至扰乱东家的安静"不知从何说起。此篇连载于一九四三年八、九月《万象》第三年第二、三期。该刊第二期"编辑室"有云："《心经》的作者张爱玲女士，在近顷小说作者中颇引人注目，她同时擅长绘事，所以她的文字似乎也有色泽鲜明的特色。（因为篇幅有限，《心经》只能分两期刊登。）"与下文所引同栏文字，或均出诸柯灵手笔。

《记某女作家一千元的灰钿》复云："她有一回写了一封长信给我，大谈其'生意眼'，并夸张她一连串的履历，说她先人事迹，可查《孽海花》。当初我猜想不出《孽海花》一书，怎么好当她的家谱看。随后才知道这小说中确曾记及清代一位李合肥的女婿——逃走将军的逸事，但终于不能使我怎样惊奇与兴奋。她写信给我的本旨，似乎要我替她出版一册单行本短篇小说集。我无可无不可地答应了她。她曾将一大批短篇小说原稿亲自送来给我付印（其中包括《倾城之恋》，《封锁》，《琉璃瓦》等篇，那时都还没有披露过）。当我接受了她的原稿后，她接连来见过我好多次，所谈论的无非是'生意眼'，怎样可以有把握风行一时，怎样可以多抽版税，结果她竟要我包销一万册或八千册，版税最好先抽，一次预付她。我给她难住了，凭我三十年出版经验，在这一时代——饭都没有吃的时代，除凭藉特殊势力按户拫买外，简实没有包销多少的本领。因此只好自认才疏力薄，把原稿退还给她（留下一篇短稿《琉璃瓦》刊登《万象》）。"

这里涉及两件事：其一是《万象》继《心经》之后发表的《琉璃瓦》（一九四三年十一月第三年第五期），张爱玲也是首先交给平襟亚的，且是后者从三篇里挑中，《倾城之恋》和《封锁》（《张爱玲之创作》所云"另一篇长稿"当指此篇，虽然篇幅比《琉璃瓦》还短）则遭退稿。此番取舍，作为《万象》编辑的柯灵实未曾与闻。以后张爱玲说，《传奇》所收十篇，"她自己最不惬意的是《琉璃瓦》和《心经》，前者有点浅薄，后者则是晦涩"。（《〈传奇〉集评茶会记》）恰恰都发表于《万象》，

《心经》系主动投稿，《琉璃瓦》却是平襟亚所中意的。正如刊登《琉璃瓦》那期《万象》"编辑室"所云，该刊"是通俗刊物"，平氏此举亦情有可原，而被他退掉的《倾城之恋》发表于一九四三年九、十月《杂志》第十一卷第六期、第十二卷第一期，该刊"编辑后记"分别说："张爱玲女士的《倾城之恋》是一篇好小说，可惜因为篇幅关系，不能一期登载，兹先刊上半篇，下期续完。""张爱玲女士的小说引起了广大读者的注意，好评甚多，《倾城之恋》于本期刊完，下期将有最新作品出现。"所谓"最新作品"即《金锁记》，乃是她继《香港传奇》之后所写的第一篇小说。《封锁》则发表于一九四三年十一月《天地》第二期，次年一月该刊第四期"编者的话"有云："张爱玲女士学贯中西，曾为本刊二期撰《封锁》一篇，允称近年来中国最佳之短篇小说。"二刊编者的眼光，较之平襟亚自是高下有别。

顺便说一下，中日文化协会上海分会所办《文协》（一九四三年十二月第一卷第二期）有"十一月十四日首次文艺朗诵广播"报道："上海广播电台为协力新中国文学运动，提高听众文艺欣赏兴趣起见，特于十四日在该电台举行文艺朗诵，由中日文化协会企画处长柳雨生担任致词，并请著名作家谭维翰、张爱玲等朗诵创作小说。""本日下午九点半，上海广播电台与本分会联合主办全国文艺朗诵，约请小说家谭维翰及张爱玲女士担任，谭先生朗诵创作《一封无法投寄的信》张爱玲女士朗诵创作《琉璃瓦》成绩甚为圆满。"此举在《万象》同月一日揭载《琉璃瓦》两周之后。

其二是《香港传奇》未能由中央书店出版，其始末即如平氏文章所述，然柯灵《遥寄张爱玲》云："张爱玲在写作上很快登上灿烂的高峰，同时转眼间红遍上海。……上海沦陷后，文学界还有少数可尊敬的前辈滞留隐居，他们大都欣喜地发现了张爱玲，而张爱玲本人自然无从察觉这一点。郑振铎隐姓埋名，典衣节食，正肆力于抢购祖国典籍，用个人有限的力量，挽救'史流他邦，文归海外'的大劫。他要我劝说张爱玲，不要到处发表作品，并具体建议：她写了文章，可以交给开明书店保存，由开明付给稿费，等河清海晏再印行。那时开明编辑方面的负责人叶圣陶已举家西迁重庆，夏丏尊和章锡琛老板留守上海，店里延揽了一批文化界耆宿，名为编辑，实际在那里韬光养晦，躲风避雨。王统照、王伯祥、周予同、周振甫、徐调孚、顾均正诸位，就都是的。可是我对张爱玲不便交浅言深，过于冒昧。也是事有凑巧，不久我接到她的来信，据说平襟亚愿意给她出一本小说集，承她信赖，向我征询意见。上海出版界过去有一种'一折八扣'书，专门翻印古籍和通俗小说之类，质量低劣，只是靠低价倾销取胜，中央书店即以此起家。我顺水推舟，给张爱玲寄了一份店里的书目，供她参阅，说明如果是我，宁愿婉谢垂青。我恳切陈词：以她的才华，不愁不见之于世，希望她静待时机，不要急于求成。她的回信很坦率，说她的主张是'趁热打铁'。她第一部创作随即诞生了，那就是《传奇》初版本，出版者是《杂志》社。我有点暗自失悔，早知如此，倒不如成全了中央书店。"

这里讲的"接到她的来信，据说平襟亚愿意给她出一本小说集"，只能发生于平氏所云"我无可无不可地答应了她"——前述《杂志》所发布"张爱玲之《香港传

035

奇》短篇小说集，将由中央书店出版"的消息，或即来源于此——至"把原稿退还给她"期间；平氏既以"纸贵如金箔"、"才疏力薄"为由拒绝出版，柯灵即便曾有"婉谢垂青"的建议，亦不免形同空谈。他讲"她第一部创作随即诞生了，那就是《传奇》初版本，出版者是《杂志》社"，时间上亦有舛错：平襟亚退给张爱玲的稿件之一《倾城之恋》一九四三年九月已首次见载于《杂志》，平与张，以及张与柯之间有关出书的商讨肯定在此之前一段时间，那时张爱玲尚未"登上灿烂的高峰"、"红遍上海"，"滞留隐居"的"少数可尊敬的前辈"很难"大都欣喜地发现了张爱玲"，所述郑振铎的建议也不会在此时提出。至于《杂志》社给张爱玲出书则在将近一年之后了。

《香港传奇》既遭中央书店拒绝，此事却还有下文，即如《记某女作家一千元的灰钿》所云："同时，怕她灰心写作，约她在我刊《万象》上面写一篇连载小说，每月写七八千字。（在当时一般作家正在向杂志联合会提议要求千字百元）我就答应她，稿酬较我刊诸作家略高，每月预付她一千元。谁知她写了一期之后，后来论价，斤斤要求百五十元千字，并说如不允许，每月当酌减字数。我因我刊许多老作家——在文坛上写了三十年的老作家，报酬千字仅不过百元，不便使人家难堪，因与彼争论了数语，她不欢而去。后此，每期递减字数，且差不多每期前来要求，例如说：'这一期我只写五千字了，这一期我只写四千字了，你要便要；不要就拉倒。'我终于忍耐着，不使她难堪，一凭她减少字数，看她减到多少为止。结果竟然减到一个字都不写。（可云：'不着一字，尽得风流'。）"

所云连载小说即《连环套》，自一九四四年一月《万象》第三年第七期起，至同年六月第十二期止，共刊登六次。一九四四年七月该刊第四年第一期"编辑室"云："张爱玲先生的《连环套》，这一期只好暂时缺席了，对于读者我们知道不免是一种失望，也还只好请读者原谅吧。"八月第四年第二期"编辑室"复云："张爱玲女士的《连环套》，是随写随刊的，写文章不能像机器一样按期出品，而杂志每月必出，编者也不得不按时催逼。这自然是一种虐政，而且作者也势必影响到她作品的完整与和谐。因此想把《连环套》暂时中断了。这也是不得已的事，只好请读者原谅罢了。"接下来平、张之间又发生了"一千元灰钿事件"，已有谢其章等人撰文介绍，无须赘述。只是其间张爱玲曾有一信，载一九四四年八月二十八日《海报》，尚未收入拙编张爱玲全集散文卷，兹抄录于此：

"《张爱玲女士来函》

编辑先生：

看见平先生骂我的文章《记某女作家》，有一点我不能不辩的白：——说我多拿了《万象》一千元的稿费——想必是平先生不知为了什么缘故，一时气愤，弄错了。因为完全没有这回事，有收条与稿件为证。平先生是大法律家，当然不会自处于诬告的地位罢？他其余的话，好在是非自有公论，我也不必饶舌了。

张爱玲谨上（八月二十五日）"

张爱玲在《万象》上发表的作品，只有《心经》、《琉璃瓦》和《连环套》三篇，如前所述，似乎都与编者柯灵关系不大。平襟亚《東诸同文——为某女作家专事》一文（载一九四四年八月二十七日《海报》）有云："不幸而站于《万象》出版人地位，出版人于稿件之征集，原非分内事；向例由编者处理之，但某女作家连载一稿，却在例外。因当时多嘴之故，每次'支费'与'索稿'均由本人负其责……"《连环套》既是特地为《万象》所作，不能不迁就该刊尤其是平襟亚的品位，是以风格略近《琉璃瓦》，在张爱玲的作品中属于浅近一路，后来她写《多少恨》时所说："我对于通俗小说一直有一种难言的爱好；那些不用多加解释的人物，他们的悲欢离合。如果说是太浅薄，不够深入，那么，浮雕也一样是艺术呀。"正可移过来形容这种写法。这在作者虽然也属风格与题材的开拓，但未必不算委曲求全。在《万象》第二次连载时，"编辑室"云："小说方面上期已增刊了《连环套》。作者张爱玲女士半年来发表的短篇颇不少，但长篇这似乎还是第一种，这两期中所刊的虽然不多，已可以看出它的工力。"与关于《心经》所言相当，都略嫌空泛。

　　另一方面，或许正因为《杂志》编者看重刻画人物心理与行为深入得多的《倾城之恋》，所以张爱玲才在那里接着发表刻画更深入的《金锁记》。在创作《连环套》期间，《杂志》刊出她的《年青的时候》（一九四四年二月第十二卷第五期）和《花凋》（一九四四年三月第十二卷第六期），乃是沿着这一路继续发展，并且汰尽了此前作品中的"传奇"色彩，由此进入其小说创作最成熟的阶段。而"传奇"色彩恰恰在《连环套》中体现得最充分。平襟亚《"一千元"的经过》一文（载一九四五年一月《语林》第一卷第二期），曾胪列《连环套》稿费清单如下：

"十一月二十四日 付二千元（永丰银行支票，银行有帐可以查对）稿一二月号分两次刊出。

二月十二日 付一千元（现钞在社面致）稿三月号一次刊出。

三月四日 付一千元（现钞在社面致）稿四月号一次刊出。

四月二日 付一千元（现钞送公寓回单为凭）稿五月号一次刊出。

四月十七日 付一千元（五源支票送公寓回单为凭）

稿六月号一次刊出。

五月九日 付一千元（现钞，五月八日黄昏本人敲门面取，入九日帐）（有亲笔预支收据为凭）稿未到。

七月四日 付二千元（五源支票，当日原票退还本社注销）。"

据此大致可知《连环套》各期所载交稿时间，而四月十七日收款那回乃是最后一次交稿。从五月起即改在《杂志》开始连载《红玫瑰与白玫瑰》。稍事计算，《连环套》第一次刊载约九千四百字，第二次约八千八百字，第三次约八千四百字，第四次约七千五百字，第五次约五千六百字，第六次约五千四百字。总而言之，张爱玲的写作重点越来越不在《连环套》，说是形同鸡肋亦不为过，待到《万象》五月那期登出署名迅雨的《论张爱玲的小说》，《连环套》不再续写也就顺理成章了。虽然她当时给出的理由是，"陆续写了六个月，我觉得这样一期一期地赶，太逼促了，就没有写下去"。（《不得不说的废话》，载一九四五年一月《语林》第一卷第二期）张爱玲此时为《万象》和为《杂志》写的是路数完全不同的作品，加个名目，可以分别叫"《万象》体"与"《杂志》体"，此消彼长，正是张爱玲小说创作风格趋于成熟的表现。研究张爱玲这样的作家——其实研究鲁迅、周作人等也是如此——不能忽略来自刊物和编辑的作用与影响。有无报刊约稿，报刊的水准与编辑的口味，都有可能使得作家的创作发生重大变化。

迅雨即傅雷的文章夸赞的是《杂志》刊登的《金锁记》，虽然也批评了同见该刊的《倾城之恋》和《花凋》，但彻底否定的却是《万象》上正在连载的《连环套》，断言"《连环套》逃不过刚下地就夭折的命运"。他认为："《连环套》的主要弊病是内容的贫乏。已经刊布了四期，还没有中心思想显露。"又说："在作者第一个长篇只发表了一部分的时候来批评，当然是不免唐突的。但其中暴露的缺陷的严重，使我不能保持谨慎的缄默。"第四次登载《连环套》的那期《万象》于四月一日面世，迅雨文末署"卅三（一九四四）年四月七日"。《万象》发表该文时，配有张爱玲照片、手迹，"编辑室"有云："张爱玲女士是一年来最为读书界所注意的作者，迅雨先生的论文，深刻而中肯，可说是近顷仅见的批评文字。迅雨先生专治艺术批评，近年来绝少执笔，我们很庆幸能把这一篇介绍于本刊读者。"迅文还提到："趣剧不打紧，但若沾上了轻薄味（如《琉璃瓦》），艺术就给摧残了。"在张爱玲看来，大概会觉得《万象》是故意与自己作对罢。

张爱玲后来在《〈张看〉自序》中说，"麦唐纳太太母女与那帕西人的故事在我脑子里也潜伏浸润了好几年"，可知《连环套》原本构思中主人公是母女两代人。待到"自动腰斩"，以麦唐纳太太为原型的霓喜的故事大致讲完了，而以她的女儿宓妮为原型的瑟梨塔的故事尚未开始。至此告一段落，于霓喜的故事而言还算完整。只是张爱玲的小说在杂志发表后，收入集子时往往都有修订，有些篇改动还很大，她在《自己的文章》中也说，"《连环套》里有许多地方袭用旧小说的词句"，"有时候未免刻意做作，所以有些过份了。我想将来是可以改掉一点的"。《连环套》随写随刊，且未经修改，具有"未定稿"的性质，与编入《传奇》和《传奇增订本》的各篇不可相提并论。

柯灵在《遥寄张爱玲》中说："现在经过迢迢四十年，张爱玲本人对《连环套》提出了比傅雷远为苛刻的批评。"事情未必像他讲的这么简单。当《连环套》经唐文标之手"出土"后，张爱玲的确说："《幼狮文艺》寄《连环套》清样来让我自己校一次，三十年不见，尽管自以为坏，也没想到这样恶劣，通篇胡扯，不禁骇笑。一路看下去，不由得一直龇牙咧嘴做鬼脸，皱着眉咬着牙笑，从齿缝里迸出一声拖长的'Eeeeee!'（用'噫'会被误认为叹息，'咦'又像惊讶，都不对）连牙齿都寒飕飕起来，这才尝到'齿冷'的滋味。……当时也是因为编辑拉稿，前一个时期又多产。各人情形不同，不敢说是多产的教训，不过对于我是个教训。这些年来没写出更多的《连环套》，始终自视为消极的成绩。"（《〈张看〉自序》）但是即如夏志清在《〈张爱玲与赖雅〉序》中所云："傅雷对法国十九世纪小说非常内行，但英国另有一个专写女冒险家在社会上鬼混的小说传统——以狄福 *Moll Flanders* 为始作俑者——他并不熟悉，再加上他看不起中国的传统小说，把尚在连载中的《连环套》骂得一钱不值，实在是不应该的。（多年后，张自己心虚，把它骂得更凶，当然也无此必要。）"张爱玲对此篇批评得如此苛刻，或许旨在贬抑唐文标发掘的意义，同时告诫读者切勿期待过高，所谓"先把丑话说在前头"是也。张爱玲未必认同傅雷曾经的批评——她没准早就忘了这回事了。

张子静、季季著《我的姊姊张爱玲》一书有云："迅雨那篇批评文章发表后，姊姊决定出小说集，曾获中央书店老板秋翁应允。一九四四年六月十五日，姊姊写信给秋翁，谈到书出之后的宣传问题：'我书出版后的宣传，我曾计划过，总在不费钱而收到相当的效果。如果有益于我的书的销路的话，我可以把曾孟朴的《孽海花》里有我祖父与祖母的历史，告诉读者们，让读者和一般写小说的人去代我宣传——我的家庭是带有'贵族'气氛的……'但姊姊同时也给柯灵写信，询问他对于把小说集交给中央书店出版的意见。"

这里所引张爱玲的信，取自平襟亚作《最后的义务宣传》（载一九四四年九月十二日《海报》），其中"有我"原作"有我的"，"小说"原作"小报"，"宣传"前

有"义务"二字，"带有"原作"带点""贵族"原作
"××"。那里说"上面一段话，是她在六月十五给我信中
所说的"，但并未标明年份。系于一九四四年显有不当，
因为这时张爱玲已主动"腰斩"《连环套》，怎么还会去
找平襟亚及中央书店出书，而且《传奇》由杂志社印行
的广告都发布了。这应与《记某女作家的一千元灰钿》
所说"她有一回写了一封长信给我"系一回事，乃是前
一年六月十五日写的。有些关于张爱玲的传记、年谱述
及张爱玲出书事多照搬柯灵的说法，此书即为一例。

　　附带说一句，《我的姊姊张爱玲》这类"回忆录"，
其实不少成分是"读书记"——将读到的别人当时和后
来文章里的内容复述一遍，即如作者所说："完成这本
书，除了依凭记忆与亲友的佐证，也参考了一些相关的
资料。"书中真正属于自己的回忆并不多，还常常讲错
了。譬如，"我父亲离婚至再婚的三四年"（一九三〇至
一九三四），"记得她常常谈起的一些中国现代作家的作
品：鲁迅的《阿Q正传》，茅盾的《子夜》，老舍的《二
马》、《牛天赐传》、《骆驼祥子》，以及巴金的《家》，丁

玲的《太阳照在桑干河上》，冰心的短篇小说和童话等等。"《骆驼祥子》一九三六年九月才开始在《宇宙风》连载，而《太阳照在桑干河上》首次出版于一九四八年九月，在所说的那段时间里张爱玲不可能读到。

回过头去讲《传奇》出版事。一九四四年三月《杂志》第十二卷第六期"杂志信箱"："杭州凌济美先生：张爱玲女士的《香港传奇》原交中央书店出版，可是后来因为纸张关系，不曾出成。原来收集在《香港传奇》里的几个短篇现在早在各刊物上发表过了。张女士的作品，除载本刊外，在《天地》，《古今》，《万象》，《太平洋周报》等刊物，都有发表。究竟发表过多少，那可不清楚。作者原有将已发表的出单行本的意思，后来因为印刷成本合不上，所以打销了。张女士的长篇除《连环套》外，尚未有新的发表过。"同期发表了《花凋》，系后来出版的《传奇》收录的最后一篇，但此时出书之事尚无着落。

同年六月《杂志》第十三卷第三期"文化报道"："张爱玲创作集《传奇》，收中短篇小说十篇，由本社刊行，内容丰富，现在印刷中。"同月《新东方》第九卷第六期也刊登了广告："张爱玲女士著《传奇》（短篇小说集）作者集近作短篇小说十余篇，出版单行本，书名'传奇'，交由杂志社刊行，现在印刷中，不日即将出版。"

八月《杂志》第十三卷第五期"文化报道"："张爱玲小说集《传奇》业已出版，计集近作中短篇小说十种而成，都三百余页，内容甚为精彩，并由作者装帧，售价二百元。由本社发行。"《传奇》所收，即原来的《香港传奇》加上《金锁记》、《年青的时候》和《花凋》。文海犁《〈传奇〉印象》（载一九四四年八月二十四日《力报》）云："张爱玲的《传奇》出版了，每本是亲笔签名，赠送照片。……张爱玲签的是外国字，这在签的时候可以省力一些。"

九月《杂志》第十三卷第六期"文化报道"："张爱玲小说之一《传奇》出版后，顷即售罄，现在再版中。"同期"编辑后记"："张爱玲女士的小说集《传奇》由本社刊行后，不数日而初版销售一空，开出版界之新纪录，张女士作品为读者所重，于此可见。本社为《传奇》出版特约名作家多人，举行茶会，对张女士作品作一公正而坦白之集体批评，茶会纪录于本期刊出。《传奇》再版本在印刷中，不日出书。"同期《〈传奇〉集评茶会记》载杂志社副社长鲁风的话说："张女士第一本小说集《传奇》出版，如同个新生的婴儿，作者非常热心关怀，本社也很重视，本书出版，本社方面有个原则，即并不纯以赚钱为目的，只是愿助这本集子出版，使寂寞的文坛起点影响，关于本书装帧、内容，尽量尊重作者的意见。"他并当面询问作者："《传奇》初版已销光，再版时封面是不是要更换？"张爱玲回答："想换……换个封面。"

十月《杂志》第十四卷第一期"文化报道"："张爱玲著《传奇》再版出书，由炎樱设计新封面，作者写《再版的话》，由本社发行。"张爱玲《〈传奇〉再版的话》所说："以前我一直这样想着：等我的书出版了，我要走到每一个报摊上去看看，我要我最喜欢的蓝绿的封面给报摊子上开一扇夜蓝的小窗户，人们可以在窗口看月亮，看热闹。我要问报贩，装出不相干的样子：'销路还好吗？——太贵了，这么贵，真还有人买吗？'呵，出名要趁早呀！来得太晚的话，快乐也不那么痛快。"至此终于得偿所愿。多年以后，她还对朋友说："一九四三年《传奇》出版——第一本书'快乐得简直可以飞上天'。《秧歌》永远不能比——虽然当日出书易（没有人写，谁都能出），现在难。"（邝文美记《张爱玲语录》）

　　《传奇》初版本及再版本卷首有题词云："书名叫传奇，目的是在传奇里面寻找普通人，在普通人里寻找传奇。"已与当初《到底是上海人》中所说"我为上海人写了一本香港传奇"，意义有所不同。那里"传奇"即如一般辞典所云"指情节离奇或人物行为不寻常的故事"，我们读从《沉香屑　第一炉香》到《倾城之恋》，正合乎此意。继之所写的《金锁记》与《连环套》也是这样。如前所述，到了《年青的时候》、《花凋》才有变化，题词所云，反映的实为作者写这两篇时的看法。"传奇"与"普通人"本来处于两端，依此则传奇生发于普通人，落实到普通人，可谓是一种消解或者重新定义。一九四六年十一月上海山河图书公司出版《传奇增订本》将这段题词删去，但所增收的《红玫瑰与白玫瑰》以下五篇，实际上已完成了从"传奇"到"非传奇"的转变。一九五四年七月该书由香港天风出版社重新出版，改名《张爱玲短篇小说集》，自序有云："内容我自己看看，实在有些惶愧，但是我总认为这些故事本身是值得一写的，可惜被我写坏了。这里的故事，从某一个角度看来，可以说是传奇，其实像这一类的事也多得很。我希望读者看这本书的时候，也说不定会联想到他自己认识的人，或是见到听到的事情。不记得是不是《论语》上有这样两句话：'如得其情，哀矜而勿喜。'这两句话给我的印象很深刻。我们明白了一件事的内情，与一个人内心的曲折，我们也都'哀矜而勿喜'吧。"于"传奇"与"普通人"之间，显然更强调后一方面。以后皇冠印行《张爱玲全集》，再也没有用过"传奇"这书名。待到作者写出《秧歌》，特别强调"有一点接近平淡而近自然的境界"（《忆胡适之》），已与"传奇"相去甚远。后期所作《五四遗事》、《相见欢》和《同学少年都不贱》等更进一步，简直是"反传奇"了。这一点尤其体现在国语本《海上花》中——如果将该书视为她的一种变相的创作的话，可以说张爱玲的小说美学即完成于此，这也正符合"夺他人之酒杯，浇自己之块垒"的传统。

[附记一] 张爱玲作《走！走到楼上去》（载一九四四年四月《杂志》第十三卷第一期）关于所编话剧《倾城之恋》有云："过阴历年之前就编起来了，拿去给柯灵先生看。结构太散漫了，末一幕完全不能用，真是感谢柯灵先生的指教，一次一次的改，现在我想是好得多了。"柯灵《遥寄张爱玲》云："张爱玲把小说《倾城之恋》改编为舞台剧本，又一次承她信赖，要我提意见，其间还有个反复的修改过程。我没有敷衍塞责，她也并不嫌我信口雌黄。后来剧本在大中剧团上演，我也曾为之居间奔走。"一九四四年十二月一日《上海影坛》第二卷第二期"一月剧讯"栏载《〈倾城之恋〉上舞台》云："剧本据说写好已很久，大中剧艺公司成立，《万象》编者柯灵竭力向大中当局推荐，以该剧作为大中与观众相见的第一个戏。"说来柯灵对于张爱玲真正的扶助应该是在这里，然而却与所编《万象》没有什么关系。

[附记二] 张子静一九四四年作《我的姊姊——张爱玲》云:"她能画很好的铅笔画,也能弹弹钢琴,可她对这两样并不十分感觉兴趣,她比较还是喜欢看小说。《红楼梦》跟 Somerset Maugham 写的东西她顶爱看,李涵秋的《广陵潮》,天虚我生的《泪珠缘》,她从前也很喜欢看,还有老舍的《二马》、《离婚》、《牛天赐传》,穆时英的《南北极》,曹禺的《日出》、《雷雨》也都是她喜欢看的,她现在写的小说一般人说受《红楼梦》跟 Somerset Maugham 的影响很多,但我却认为上述各作家给她的影响也多少都有点。"(一九四四年十月《飙》创刊号)张爱玲去世后,他作《怀念我的姊姊张爱玲》云:"她除了最爱看中外电影以外,还最爱看的就是古今中外的小说。古典小说中她最爱看的是《红楼梦》、《水浒》、《金瓶梅》。近代的如张恨水的《啼笑因缘》,李涵秋的《广陵潮》、天虚我生的《泪珠缘》,现代的如巴金的《家》,茅盾的《子夜》,老舍的《二马》、《离婚》、《牛天赐传》,曹禺的《日出》、《雷雨》都是她爱看的。解放区作者丁玲和赵树理的作品她也很欣赏,喜欢看。英国名作家 Somerset

Maugham 和美国作家 O'Henry 写的短篇小说她最为欣赏。后来常跟我说要多看他们写的书，学习他们的写作方法。张爱玲所写的小说中刻画人物的笔法很多地方是吸收自《红楼梦》和 Somerset Maugham 的作品，但是也有上面提到各位作家的一些影响。"（一九九五年十月十二日《文汇报》）前后书目有增有减，增或是后来所读，虽然未必属实；减却有些奇怪。说来"合乎时宜"长久是很多人写回忆文章主动或被动遵循的标准之一。

张爱玲一九九四年十月五日致庄信正："姚宜瑛考虑登我弟弟关于我的文章使我感到为难，也是迟迟没回信的一个原因。我弟弟 1944 写过一篇东西关于我，前几年又写过一篇，内容大致相同，只多了一段讲我用水彩颜料在一个八九岁的小女佣脸上涂抹，被我父亲骂了一顿才住手。是画京剧旦角的胭脂，不过我跟我父亲与继母闹翻以前他们由于种种顾忌，一直对我相当客气，只虐待他，绝对不会为一个小丫头骂我。他记错了是 a Freudian Slip［弗洛伊德式的错误］，wishful thinking［一相情愿］，他近年来对我误会很深，因为我没能力帮助他。对我姑姑也许更甚。来信说'姑姑跟一个姓 X（忘了，反正是个陌生的较少见的姓）的坏蛋同居'。同在上海，会不知道她是跟李姓工程师结婚。再写一篇关于我，尽管竭力说好话，也会有同类的 Freudian Slip。自己弟弟说的，当然被视为事实。但是他在困境中赚点稿费我都阻挠，也于心不安。有便请替我向姚宜瑛解释，再告诉她我去年预备寄给她的贺年片都没顾得及寄出。"当然她的话未必足以否定弟弟著作的价值，她自己的记忆也未必一概准确，但至少提示我们切勿轻信回忆录之类，尤其是晚近才写的那些。夏志清说，"到一九九六年三月为止，我所看到的有关张爱玲的传记和回忆录当以下列三种最为重要"，就包括《我的姊姊张爱玲》与胡兰成著《今生今世》，并说："大家都知道胡兰成是张的第一任丈夫，张子静是比她只小一岁的亲弟弟，他们所记录的事实应该是最可靠的，对张爱玲的认识也是最真切的。"（《〈张爱玲与赖雅〉序》）这样的论断好像过于轻率与简单了。

二〇二〇年六月十二日

《创世纪》之后

《创世纪》是上海沦陷时期张爱玲发表的最后一篇小说，分三次连载于《杂志》。第一部分见一九四五年三月第十四卷第六期，该期"编辑后记"有云："张爱玲女士赐以最新作中篇连载：《创世纪》，仅以本期所刊部分而观，则与《金锁记》有相似之气氛，其必为广大读者所重视，殆无疑义。"同年四月第十五卷第一期刊出第二部分。但五月第十五卷第二期却未见赓续，"编辑后记"有云："张爱玲女士的《创世纪》续稿，谓须重写，本期暂停，足见作者之为文不苟，下期当可续刊，本期则赐以《姑姑语录》一文，以酬读者。"六月第十五卷第三期刊出末一部分。多年后作者说："小说《连环套》、《创世纪》未完，是自己感到不满，没写下去。"（《〈连环套〉

〈创世纪〉前言》）她还说："同一时期又有一篇《创世纪》写我的祖姨母，只记得比《连环套》更坏。她的孙女与耀球恋爱，大概没有发展下去，预备怎样，当时都还不知道，一点影子都没有，在我这专门爱写详细大纲的人，也是破天荒。自己也知道不行，也腰斩了。"（《〈张看〉自序》）然而查《杂志》第十五卷第三期所载《创世纪》，末尾却注明"完"。以后出《传奇增订本》，卷首《有几句话同读者说》一文有云："还有两篇改也无从改起的，只好不要了。"其一即为《创世纪》，也没有提到未完成。

这小说连载的第一部分，是从全篇开头（北京十月文艺出版社二○○九年四月出版《红玫瑰与白玫瑰》第一七二页），到"黑黑的一只水壶，烧着水，咕噜咕噜像猫念经"（一八九页）。描写的是匡漱珠与毛耀球二人自相识后略有进展的恋爱关系。但接近这部分末尾处，自称曾与耀球同居且已怀孕的女人突然出现在漱珠上班的店里，漱珠与他就惟有断绝往来一途，只不过她在尽量延宕而已。

第二部分，从"漤珠上楼，楼上起坐间的门半开着，听见里面叫王妈把蛋糕拿来，月亭少奶奶要走了，吃了蛋糕再走"（一八九页），到"马桶箱上搁着个把镜，面朝上映着灯，墙上照出一片淡白的圆光"（二〇八页）。先以超过一半的篇幅描写祖母紫微过生日的经过，其间涉及漤珠的文字很少，继写耀球意欲对漤珠非礼，挨了她的嘴巴，漤珠又由妹妹陪着取回留在他那里的雨衣，且说这已是"最后的一幕"。如果单单看二人的故事，小说题目"创世纪"似乎是对漤珠初恋失败的反讽。这故事其实写得很好，只是它至此已告结束。从这一部分看，作者似乎无意局限于漤珠的恋爱事件，即如后来所说，以自己的祖姨母为原型的紫微将成为全篇的主人公，她的丈夫，儿子，儿媳，可能也会有更多笔墨，如果写成一个家族的历史，"创世纪"就当另具含义。可是已有的情节线却很难继续发展下去。或许这就是写到这里一度中断的原因。

第三部分，从"忽然她听见隔壁她母亲与祖母在那儿说话——也不知道母亲是几时进来的"（二〇八页），到全篇结尾（二二一页）。先将前一部分没写完的潆珠回到家里的事情交待完毕——这个人物和这段爱情遂有了收梢，然后叙述紫微迄今为止的一生。虽然不乏具体而生动的细节，但基本上近乎概括的写法，似乎是将一度计划写成中篇的容量浓缩在八千来字的篇幅里。尽管作品也算煞尾了，然而作者的构思显然并未充分完成。这样成了一篇"孙女+祖母"的故事，但二者毕竟缺乏有机的联系，即便仅仅视为意义上的对比，也安排得并不十分妥帖。所以作者要说"改也无从改起"。

同年七月出版的《杂志》第十五卷第四期"文化报道"一栏云："张爱玲近顷甚少文章发表，现正埋头写作一中型长篇或长型中篇，约十万字之小说：《苗金凤》，将收在其将于不日出版之小说集中。近顷报间，关于张之喜讯频传，询诸本人，则顾而言他，衡之常理，是即不否认之意，若是，则张之近况为一面待嫁，一面写作矣。"可知《创世纪》草草收束后，她即着手创作新的小说，且不再随写随登，而将直接收入拟议中的新的小说集。这一期只登载了炎樱作、张爱玲译《浪子与善女人》，八月第十五卷第五期未见她的作品，而这就是终刊号了。"苗金凤"当作"描金凤"，张爱玲《谈音乐》有云："弹词我只听见过一次，一个瘦长脸的年轻人唱《描金凤》，每隔两句，句尾就加上极其肯定的'嗯，嗯，嗯'，每'嗯'一下，把头摇一摇，像是咬着人的肉不放似的。对于有些听众这大约是软性刺激。"

张爱玲创作《描金凤》一事重新被人提起，已在半年以后。兹将所见记载依时间先后抄录如次。一九四六年二月九日《海风周报》第十三期载屠翁《张爱玲赶写〈描金凤〉》："五六月来，张爱玲与苏青二人，都无文章发表，……惟闻张爱玲则杜门不出，埋首著书，近正写小说名曰：《描金凤》，张爱玲文心如发，而笔调复幽丽绝伦，《描金凤》当为精心之作，一旦杀青，刊行问世，其能轰动读者，当为必然之事实也。"此类"海派方形周刊"所言多是道听途说，不可尽信，以下诸则亦然。

同年三月十二日《海星周报》第四期载亚泰《张爱玲新作将发表》："最近在新雅文艺市场上听得一个消息，张爱玲的《描金凤》，那篇未完成的杰作，将被发表了，刊登地盘，是在柯灵编的一本刊物上，过去张爱玲曾经有过一本剧本叫《倾城之恋》的，写成之后，送去让柯灵改编，后来被改削得'体无完肤'之后，才在'新光'由大中剧团演出的。张爱玲对于柯灵似乎向来倾折，柯灵对于张女士的文章也一向认为可取，这次再度合作，论情形是各得其所！张爱玲又该在七层楼的公寓里埋头写作了罢！"

三月十八日《海潮周报》第一期载恨玲《张爱玲赶写〈描金凤〉》："……张爱玲那伟大的计划成功，胜利的号角便吹鸣起来了，张爱玲自念不无可嫌之处，便匿藏在家里有半年多了，没敢动笔，怕其他人指斥或检举，一直到目前为止，张爱玲始终没有一篇文章刊登于任何一张杂志或报纸的。《描金凤》没有了刊出地点，然而女人毕竟是被原谅的动物，张爱玲被某一个文化人所垂青了，虽然垂青的是她的文章，然而张爱玲比起其他所谓作家来，应该是倖运多了。那文化人是高柯灵先生，不久有一册杂志上，将有张爱玲的大作，那篇东西，便是《描金凤》。"这段时间柯灵编过几个报纸的副刊，但并无主办的杂志问世。

三月三十日《海派周刊》第一期载爱读《张爱玲做吉普女郎》："自从胜利以后，张爱玲埋姓隐名的，没有到公开的场合出现过，文章也不写了。……有人谈说她在赶写长篇小说，《描金凤》，这倒颇有可能。只是写了之后，又拿到什么地方去发表呢？正统派文坛恐怕有偏见，不见得会要她的作品，而海派刊物，她也许不屑。"

四月一日《上海滩》第一期载马川《张爱玲征婚》："张爱玲自从与胡兰成分离后，一个人孤伶伶似的坐在闺中，好不寂寞人也，于是闲来写写小说，写的啥，乃长篇《描金凤》，她表示我张爱玲不是起码角色，照样我的书有销路。……不过，《描金凤》是完成了，她又□了一个短篇，名《征婚》，那大约是写出她的性的苦闷。现在桑弧编了本《大众》，那便是将起用张爱玲的稿子。"桑弧从未编过名为《大众》的刊物。

四月九日《星光周报》第四期载阿拉记者《张爱玲闹双包案》："也有人说她是仍旧在埋头写作，和平后之处女作：《描金凤》不日行将问世。"

五月十八日《海风周报》第二十七期载爱尔《张爱玲腰斩〈描金凤〉》："有一时期报载她完成了一篇，小说叫《描金凤》的，据与她相熟的人说起，这部书一直到现在，还没有杀青，奇怪的是她在全部脱稿以后，忽然嫌她起头的一部分，并不满意，所以截下来焚毁了，而现在只剩了下半部。"有关《描金凤》的写作过程，以这里所言稍稍详细。

六月八日《海涛周报》第十六期载其七《张爱玲作品难出笼》："苏青等有问题的女作家出来了，张爱玲的作品，始终还没有在刊物上发现过，纷传张爱玲将有大批作品问世，有很多的刊物向她接洽。爱读张爱玲文章的人很多，胜利后因有问题而不能写作，许多人都替她惋惜，……她的文章本已有许多刊物定好了，但是又恐怕人家说她是附逆文人，受人攻击，因此迟迟不敢刊载，于是她的作品又成了僵局。但她的写作精神是很好的，不问有没有地方发表，她仍在写她的《描金凤》!"

八月七日《东南风》第十六期载佛手《张爱玲改订〈传奇〉》："敌伪时代的两大女作家苏青与张爱玲，胜利后都失去锋芒了。……倒是张爱玲一直静默着。她志高气昂，埋头写作长篇小说《描金凤》。"

九月二十二日《上海滩》第十六期载上官燕《贵族血液的大胆女作家　张爱玲重述〈连环套〉》："观乎《传奇》、《流言》翻版生意之好，故而张爱玲暇来握管，又在赶着二大'杰作'，其一为宣传已久之《描金凤》，其二即过去在《万象》月刊曾一度登过的《连环套》。《连环套》是一篇言情小说，情节至美，笔调之佳，不在乎《传奇》之下。不过昔《万象》所刊者为短篇，张爱玲今拟改述为长篇，此文不日印单行本问世，也许又挑了贵族血液小姐大大地赚一票也。"张爱玲"改述《连环套》"事，唯此处一见。

十二月三日《文汇报》"浮世绘"副刊载唐人《浮世新咏》："读张爱玲著《传奇增订本》后。书为山河图书公司新印，余则得快先睹。末二句反俗语：'文章是自己的好，老婆是别人的好'之意。　期尔重来万首翘，不来宁止一心焦？传奇本是重增订，金凤君当着意描。（张有《描金凤》小说，至今尚未杀青。）对白倾城成绝恋，

'流言'往复倘能销！文章已让他人好，且捧夫人俺的娇。"唐人即唐大郎，与张爱玲相识，自不同于海派周刊写稿人。合而观之，这段时间张爱玲在写《描金凤》，其间或有波折，至此尚未完成，且始终没有发表机会，当是事实。然而包括唐氏在内，谁也不曾读过原稿，均未谈及到底写的什么内容。

一九四七年四月十四日《新上海周报》第六十四期载文海《〈不了情〉剧本报酬六百万　张爱玲埋头编剧》："她现在正埋头写一篇长篇小说和撰编《描金凤》的舞台剧本，预卜三四个月后当可脱稿。"此乃目前所见最后一次提及张爱玲写长篇小说事，但是否就是《描金凤》，舞台剧本又是怎么回事，均不得而知。

此外，一九四六年六月十八日《东南风》第十三期载式人《百万元购张爱玲作品》云："张爱玲是一个自命天才的作家，因此颇欲在文字上出人头地，但数月来因无发表地盘，已与笔杆疏远多时，一度曾专心时装设计，但因少奶小姐们不大愿接受她的奇装怪服，因此生意清淡，门可罗雀，有一时曾与一贵公子相恋，不料好梦方甜贵公子又不别而行，使她受了不少爱情的刺激，因此消极起来，最近有人劝她重致力写作事业，俾排愁遣恨，她已打算把自己最近的罗曼斯写成一篇哀感顽艳的小说，并决定重新恢复写作生活，以便大量生产，闻已有一出版公司愿代其出版，并预付稿费一百万以示优待，因此张爱玲成日在家，不出外，做一个卖文为生的女作家。"这是唯一可能涉及《描金凤》内容的传闻，但并未言明即是那部作品，所云"贵公子"也不一定指胡兰成，而所说这些一概未必属实。

回过头去看一九四四年八月《杂志》第十五卷第五期所载《纳凉会记》，系同年七月二十一日该刊举办茶宴的实录，张爱玲为出席者之一，该文有一节云：

"陈彬龢：本人从来不大看小说的，只翻翻杂志上的题目，不过在朋友们的谈话里，他们常常提出张小姐的名字，又时常在小报上看到关于张小姐恋爱的消息，所以想问问张小姐的恋爱观怎样？

"张爱玲（淡淡的，正经的）：就使我有什么意见，也舍不得这样轻易地告诉您的吧？我是个职业文人，而且向来是惜墨如金的，随便说掉了岂不损失太大了么？

"大家：哈，哈……

"陈彬龢：那么将来是不是预备写这样的一篇文章呢？

"张爱玲：将来等我多一点经验与感想时候一定要写的。"

由此似可推测，此时她正在写的《描金凤》，不大像是主要以自己的恋爱经历为题材。不妨引她后来所著《小团圆》以为佐证——《小团圆》是自传体小说，不能视同自传，但其中确有不少真实成分，虽无法用作直接的证据，却可以充当辅助的材料。第八章云：

"在那日本人家里她曾经说：'我写给你的信要是方便的话，都拿来给我。我要写我们的事。'

"今天大概秀男从家里带了来。人散后之雍递给她一大包。'你的信都在这里了。'眼睛里有轻蔑的神气。

"为什么？以为她藉故索回她那些狂热的信？"

或可系于一九四五年八、九月间，其时胡兰成自南京来上海，后去诸暨。一九七六年四月二十二日张爱玲致宋淇夫妇信中有云："我的信是我全拿了回来，不然早出土了。"

第十二章云：

"他回到卧室里，她把早餐搁在托盘上送了去，见她书桌抽屉全都翻得乱七八糟，又惊又气。

"你看好了，看你查得出什么。

"她战后陆续写的一个长篇小说的片段，都堆在桌面上。

"'这里面简直没有我嘛！'之雍睁大了眼睛，又是气又是笑的说。但是当然又补了一句：'你写自己写得非常好。'

"写到他总是个剪影或背影。

"她不作声。她一直什么都不相信，就相信他。"

约一九四六年底，胡兰成从诸暨取道上海，前往温州。关于《描金凤》，目前我们所知道的就这么多了。

一九四六年十一月山河图书公司出版张爱玲著《传奇增订本》。龚之方《离沪之前》（收季季、关鸿编《永远的张爱玲》，学林出版社一九九六年一月出版）云：

"几乎与张爱玲为文华影片公司写剧本《不了情》的同时，张爱玲交给我一个任务，她要出版《传奇增订本》，由我替她办理一些事情。……'刊行者：山河图书公司'一行字是我虚构的，既要出书，必须有堂堂正正的刊行者和总经销（总经销是百新书店和中国图书杂志公司），山河图书公司实际上是一块空招牌而已，所刊出的地址、电话是我与名作家唐大郎（云旌）写稿的地方。从这些地方看，《传奇增订本》完全是张爱玲一手筹划的，里里外外都是她负责的，她在这方面是很能干的，我不敢掠美。"

一九四六年八月二十五日《诚报》载张爱玲《寄读者》，其中有云："最近一年来似乎被攻击得非常厉害，听到许多很不堪的话，为什么我没有加以更正，一直沉默到现在，这我在《传奇增订本》的序里都说到过，不想再重复，因为这本书不久就要出版了。这次《传奇增订本》里新加进去八万多字，内容与封面的更动都是费了一番心血在那里筹划着的，不料现在正当快要出版的时候，忽然发现市上有粗制滥造的盗印本。我总得尽我的力量去维护自己的版权，但我最着急的一点，还是怕那些对我的作品感到关切的读者，却去买了那种印刷恶劣，舛误百出，使我痛心的书。"据此可知，这时《传奇增订本》已经编就，卷首那篇《有几句话同读者说》亦已写出。而从前引唐大郎诗来看，直到此书问世，《描金凤》尚未完成。

张文中提到《传奇》遭盗印事，或可参看同年九月十五日《星光周报》新十号载麦梅《警局拒绝·张爱玲维护版权》："上海沦陷期惟一红女作家张爱玲，曾经把她的小说集《传奇》出版，因为读者多，又刊了玉照，故销路很大，赚着了一票。胜利之后，安居在家，而一班书蠹们见有利可图，纷纷偷版，盗印了好几版，张爱玲因有附逆嫌疑，不敢出头，也只好随他们去了。如今检奸风气已过，柳雨生不过判三年，张爱玲并无附逆之实，只不过写些小说散文而已，当然没有问题，所以也慢慢的出来了。先在《诚报》上写了几篇短稿子，一面又想把《传奇》修正再版，一般重庆人久闻大名，销路自有把握。可是市面上盗印版的《传奇》很多，这当然影响到修正再版的销路的。因此张爱玲特向警局申请维护版权，要求没收盗版，赔偿损失。可是问题在于《传奇》第一版出版在沦陷期间，并未向警局或中宣部登记，故依法并无版权，张爱玲是项申请，警局恐将拒绝受理云。"又，九月二十一日《精华图画周刊》第二年革新版第廿五期载《海派女作家请警局维护权益》："著名海派女作家张爱玲，家居常德路一九五号第六〇号室，伊于三十三年八月间，曾编印《传奇》一书，讵最近市上忽发觉翻版本甚夥，张爱玲认为违反出版法，及侵害其著作权益，于昨日具呈向警察局请求取缔。"

值得留意的是前引爱尔《张爱玲腰斩〈描金凤〉》一文所云："又谈起她要将《传奇》再版，不过她当时印行时候那一副纸板，忽然不见了，她坚信《传奇》的销行，是有把握的，不过为了再版而全新排印，那末排工实在太贵，恐怕得不偿失，她正为着这一点而犹豫。"佛手《张爱玲改订〈传奇〉》亦云："她拟在最近把《传奇》改订一下，加进几篇新作，出版再版本。"《传奇增订本》包括两部分，一是新增加者，一是原来杂志社出版的《传奇》。《有几句话同读者说》云："《传奇》里面新收进去的五篇，《留情》，《鸿鸾禧》，《红玫瑰与白玫瑰》，《等》，《桂花蒸　阿小悲秋》，初发表的时候有许多草率的地方，实在对读者感到抱歉，这次付印之前大部份都经过增删。"其实五篇或多或少都有改订，《红玫瑰与白玫瑰》、《等》和《桂花蒸　阿小悲秋》增删尤剧，但这只须在送交排印的原稿或剪报上动手即可；原属《传奇》的各篇却也不乏修改，《封锁》和《花凋》更有整段添减，若沿用原来纸型，则几乎无此可能。然如这里所言，纸型已经丢失，必须全部重排，尽管费钱费时，作者却得便多所更动文字。龚之方说："《增订本》的每一页校样都有专人送给张爱玲亲校，她不愿放过每一个错字。"已有人专门撰文比较《传奇增订本》所收诸篇几种版本的异同，此处从略。

一九四七年四月《大家》第一期发表张爱玲作《华丽缘》。"编后"称之为"张爱玲小姐的小说"，"要郑重向读者介绍"，并说："张爱玲小姐除掉出版了《传奇》增订本和最近为文华影片公司编写《不了情》剧本，这二三年之中不曾在任何杂志上发表过作品，《华丽缘》是胜利以后张小姐的'试笔'，值得珍视。"张爱玲一九四六年初曾有温州之行，《华丽缘》与《异乡记》记录的都是途中见闻。《异乡记》第九章云："这两天，周围七八十里的人都赶到闵家庄来看社戏。"便按下不表，《华丽缘》则专门描述演出过程，二者正相为表里。张爱玲后来说："除了少数作品，我自己觉得非写不可（如旅行时写的《异乡记》），其余都是没法才写的。而我真正要写的，总是大多数人不要看的。"（邝文美记《张爱玲语录》）所云"旅行"，当指温州之行。我颇疑心《华丽缘》也是此行期间或其后不久写的。多年后该篇重新发表，篇末添加的"一九四七年作"未必确当。张爱玲曾赴温州似乎并不为《大家》编者所知晓，再加上篇首原有一句"这题目译成白话是'一个行头考究的爱情故事'"，一篇非虚构作品遂被视为虚构的了。

　　一九四七年五月、六月《大家》第二、三期发表张爱玲作《多少恨》，注明"即《不了情》"。以后作者说："一九四七年我初次编电影剧本，片名《不了情》，当时最红的男星刘琼与东山再起的陈燕燕主演。……寥寥几年后，这张片子倒已经湮没了，我觉得可惜，所以根据这剧本写了篇小说《多少恨》。"（《〈多少恨〉前言》）这年一月十二日《不了情》剧本完成，三月二十二日电影杀青，而首次登载《多少恨》的《大家》第二期五月一日出刊，作者并未等到"几年后"才写这篇小说。第三期六月一日出刊，"编后"云："本期将张爱玲小姐所作《多少恨》小说刊完，占十九面篇幅之多，这是应多数读者的要求，我们特地烦恳张小姐赶写的。"可知也是分次完成。而《大家》也就出到这期为止。

作者关于《多少恨》有云："我对于通俗小说一直有一种难言的爱好；那些不用多加解释的人物，他们的悲欢离合。如果说是太浅薄，不够深入，那么，浮雕也一样是艺术呀。但我觉得实在很难写，这一篇恐怕是我能力所及的最接近通俗小说的了，因此我是这样的恋恋于这故事。"又说："在美国，根据名片写的小说归入'非书'（non-books）之列——状似书而实非——也是有点道理。"对于张爱玲来说，《多少恨》是一篇标志告别既往作品风格，开始新的创作阶段的作品。继而所著《十八春》、《小艾》，同样属于通俗小说。以后她将《十八春》改写为《半生缘》，并未改变该作品的性质。我曾谈过"张爱玲与视觉艺术"，有一点遗漏未说，即如果将撰写电影剧本纳入她的整个创作史来看，那么其小说一度趋于通俗化，至少部分原因应当归于电影的影响——无论人物设置，人物关系，还是情节进展，以及作品主旨，都努力让大众看得懂，努力迎合他们的趣味甚至价值观念，从而能够拥有更多的观众或读者。她这样编《不了情》、《太太万岁》，也这样写小说，尽管在所有这些作品中，并未完全丧失属于自己的东西。

一九四七年五月十六日至三十一日《小日报》连载张爱玲的小说《郁金香》。这里有两个问题，第一，这篇是随写随登，还是写完再登的呢。张爱玲此前在刊物上连载的《连环套》、《红玫瑰与白玫瑰》、《创世纪》和《多少恨》，都属于前一种情况。每次停笔未必等到情节告一段落，常常中止在一个情景之内，然而无论如何，总得将一句整话写完。但是《郁金香》第二次发表截在

"他回到桌子上"，第三次起于"心不在焉的又捧起饭碗，用筷子把一碟子酱菜掏呀掏，戳呀戳的，兜底翻了个过"；第十三次截在"宝初在火车站上把那些证书拿出来应用过一次之后就没有再筒进去了，因为太麻烦"，第十四次起于"但总是把它放在手边，混在信纸信封之类的东西一起"，都是登了半句话就中断了，好像不大可能这么分次写作。我读此篇感觉自始至终一气呵成，应为精心结撰，不似《连环套》、《创世纪》，还有最初在《杂志》上连载的《红玫瑰与白玫瑰》那样难称顺畅，甚至前后矛盾——《传奇增订本》对《红玫瑰与白玫瑰》的修改，即解决了不少此类问题。只有《多少恨》因为是根据剧本和影片写的，相对而言完成度较高。从这一点看，《郁金香》似乎是事先写出全文，再交报纸分期发表，而报纸限于预定篇幅，不管句子是否完整，只能强行截断。——多年后张爱玲准备在《星岛晚报》连载《怨女》，也曾特地写信给宋淇说："交给报馆时请嘱咐他们把原稿留着，刊出后先放在你们那里，因为连载分段不免割裂，如出书可还原。"（一九六五年十一月四日）

第二，《郁金香》虽然揭载于《多少恨》两次刊出之间，假如它是全部写完再发表的，那么大概写在何时呢。《郁金香》与《多少恨》的写作风格差距甚大，而与《传奇增订本》里那些作品相当接近，完全可以归作一路。这不免令人想到此篇可能完成得稍早——先于《多少恨》及其前身电影剧本《不了情》，但不会早到编定《传奇增订本》时，是以未及收入书中。张爱玲的"《传奇》风格"实际上到《郁金香》为止，后来我们没再见过她写的这一路数的作品了。可是假若如此，又何以不先在《大家》登出呢。《华丽缘》与《多少恨》都是迥异于作者既往写法的作品——《多少恨》描写的是"那些不用多加解释的人物"以及"他们的悲欢离合"，《华丽缘》视为小说则颇为别致，内容也很接地气——或许正因为如此，才为《大家》所中意，这里可能体现了该刊发行人龚之方、编辑人唐云旌（大郎），乃至张爱玲自己当时的价值判断。这与读者的口味正相一致，《多少恨》后半篇"是应多数读者的要求，我们特地烦恳张小姐赶写的"，即是证明。而《郁金香》仍为作者旧时笔意，题材也难称新颖，当时她没有太多发表作品的机会，遂将这篇存稿或废稿交付小报刊出，亦未可知。尽管如今看来，《郁金香》诚为佳作，水准远在《多少恨》之上。

这里推测的《郁金香》的创作时间，恰与前面提到的张爱玲写《描金凤》的时间相重合，不免又令我们寻思，隐没不彰的《描金凤》结局到底如何。当然有可能如《连环套》那样"只好自动腰斩"（《〈张看〉自序》），或《殷宝滟送花楼会》、《创世纪》那样"改也无从改起"、"只好不要了"，就此销声匿迹；但也有可能如将《金锁记》改写为《怨女》那样更上层楼，或将《十八春》改写为《半生缘》那样起死回生。且来看看她在那之后的几篇作品。《描金凤》不可能变成《不了情》，因为后者被写成"非书"《多少恨》，假如先有小说，无须这般费事；也不可能变成《太太万岁》，因为那是"桑弧肚里藏了个腹稿，是个喜剧，他把剧本的框架告诉张爱玲参考"（龚之方《离沪之前》）；更不可能与桑弧编导、张爱玲"参与写作过程"的《哀乐中年》扯上关系，因为这"是桑弧一直想拍的题材"（张爱玲一九九〇年一月二日、十一月六日致苏伟贞）。至于后来的《十八春》、《小艾》，一九五一年二月十五日《亦报》载高唐（即唐大郎）《访梁京》云："她说：《十八春》在报上一边登，一边写，写到后来，明明发现前面有了漏洞，而无法修补，心上老是有个疙瘩。所以再要给《亦报》写的小说，非待全文完毕后，不拿出来了。"显然也都对不上号。

十五年前"出土"的《郁金香》，倒有一点像是《描金凤》的"后身"。"描金凤"这题目取自同名评弹作品，与《金锁记》、《连环套》、《鸿鸾禧》和《华丽缘》移用京剧名字性质相当。《金锁记》等多少都对同名戏曲作品的故事与题旨有所颠覆，《描金凤》或许也是如此。评弹《描金凤》中徐惠兰与钱玉翠终成眷属，《郁金香》中宝初与金香的恋情则不了了之。钱玉翠将家传御赐描金凤作为定情之物赠予徐惠兰，金香临别时也送给宝初一样东西，下场却与评弹所描绘的大相径庭："坐在黄包车上，扶着个行李卷，膝下压着个箱子，他腾出一只手来伸到裤袋里去，看有没有零碎票子付车钱。一摸，却意外地摸出一只白缎子糊的小夹子，打开来，里头两面都镶着玻璃纸罩子，他的市民证防疫证都给装在里面。那白缎子大概是一双鞋面的零头，缎子的夹层下还生出短短一截黄纸绊带。设想得非常精细，大约她认为给男人随身携带的东西没有比这更为大方得体的了，可是看上去实在有一点寒酸可笑。也不大合用，与市民证刚刚一样大，尺寸过于准确了，就嫌太小，宝初在火车站上把那些证书拿出来应用过一次之后就没有再筒进去了，因为太麻烦。但总是把它放在手边，混在信纸信封之类的东西一起。那市民证套子隔一个时期便又在那乱七八糟的抽屉中出现一次，被他无意中翻了出来，一看见，心里就是一阵凄惨。然而怎么着也不忍心丢掉它。这样总有两三年，后来还是想了一个很曲折的办法把它送走了。有一次他在图书馆里借了本小说看，非常厚的一本，因为不大通俗，有两页都没有剪开。他把那市民证套子夹在后半本感伤的高潮那一页，把书还到架子上。如果有人喜欢这本书，想必总是比较能够懂得的人。看到这一页的时候的心境，应当是很多怅触的。看见有这样的一个小物件夹在书里，或者会推想到里面的情由也说不定。

至少……让人家去捽掉它罢！当时他认为自己这件事做得非常巧妙，过后便觉得十分无聊可笑了。"在那篇小说中，这可以说是个核心情节。

　　然而《描金凤》最初计划写成"中型长篇或长型中篇，约十万字之小说"，以后也多次被称作"长篇小说"，《郁金香》却只有区区一万字。不过我读《郁金香》，觉得写法很像《鸿鸾禧》、《桂花蒸　阿小悲秋》、《等》、《留情》，乃至更早的《沉香屑　第二炉香》、《封锁》，并非从头到尾讲述一个故事，而是在时间与空间两方面对叙事特别予以限制，原本可以写得很长，压缩成较短的篇幅。这样的题材写成短篇或写成长篇，全在于作者自己的意愿与把握。其实鲁迅的《孔乙己》等，早已这么写了。以《郁金香》而论，小说开头，陈宝初陈宝余兄弟俩已经来到姊姊家，与金香已经相识，彼此的关系可以往前追溯不少，还可以更往前从宝初、宝余或金香任何一方的身世写起。而宝初丢弃金香所赠信物之后，"他渐入中年，终于也结了婚。金香是早已嫁了。"处理得十分简洁，但也不妨多所辞费。小说此种写法，旨在

"以少少许胜多多许",但作家未必一上来就这么打定主意。也许这小说曾经先打算写得很长,内容也不限于宝初、宝余与金香的关系,以后才删改成我们所看到的样子,乃至连"这里面简直没有我"与"你写自己写得非常好"都不见了。话说至此,似乎与前文所引爱尔《张爱玲腰斩〈描金凤〉》中的"她在全部脱稿以后,忽然嫌她起头的一部分,并不满意,所以截下来焚毁了,而现在只剩了下半部"约略相合。我将这想法说给万燕兄,她说:"就像卞之琳写《断章》似的,那本是一首长诗的片断,后来诗人把其他句子都删掉了,只保留下来这么四句。"在张爱玲也有一个约略相近的例子:五十年代所作短篇小说 *The Shanghai Loafer*(《上海懒汉》)将近三十年后被改写为《浮花浪蕊》,后一篇的主人公洛贞记忆中的人物之一艾军,原本是前一篇的主人公。

　　一九四八年十一月三日《海光周刊》复刊第一期、十一月十日第二期重新发表《郁金香》,继而杂志停刊,连载中断。取所载部分与《小日报》初刊文对照,字句不无出入,似可供校勘之用,如:"金香很吃力的把两扇沉重的老式拉门双手推到墙里面去"（北京十月文艺出版社《红玫瑰与白玫瑰》第二二二页），无"去"字；"金香一眼瞥见宝初的脸色有些不快"（同上），"瞥"作"瞭"；"宝初道：'你这叫什么话？……'"（二二四页），"叫"作"算"；"她把调面的碗放到龙头底下加水，不料橡皮管子滑脱了，自来水啪拉啪拉乱溅"（同上），"溅"作"泼"；"她吓得脸上一红一白，忙去抵住了门，叫道：'嗳哟，二舅老爷——你把我的衣服还我！'（二二五页），"——"作"谢谢"；"宝余胆子也小，就不敢使劲把门顶开再看她那么一看"（同上），"顶"作"推"；"金香摆了一会"（同上），"摆"作"等"；"她有苦说不出，只索喝道"（二二六页），无"只索"二字；"金香哭得呜呜的，还在那里分辩"（同上），无逗号，"在那里"作"要"；"她因为瘦，穿袜子再也拉不挺，袜统管永远嫌太肥了，那深色丝袜皱出一抹一抹的水墨痕"，"一抹一抹"作"一抹"（二二七页）；"荣妈诉说着，老姨太就得受着"（同上），"诉"字《小日报》原印作"所"，"诉"系整理者所改，《海光》无此字，该句为"荣妈说着，老姨太就得受着";"宝初宝余一直到晚饭后方可回来"（二二八页），"可"作"才";"忽然被宝余在后面抓住她的两只手，轻轻的笑道：'这可给我捉到了！……'"（同上），"到"作"住";"她也不做声"（同上），"也"作"默";"只看见她手臂上勒着根发丝一般细的暗紫赛璐珞镯子"（同上），"发"作"须";"被她拼命一推"（同上），"拼命"作"拼性命";"'……靠你姊夫好了——给托了一暑假也没找到事……'"（二二九页），无"好"字；等等。又，《海光》删去了《小日报》中这一句："老姨太无法看见自己脚上的鞋，因为肚子腆出来太远。"（二二四页）这些修改多较初刊文字为佳，出自作者之手亦不无可能。不过《海光》也有不止一处新的手民之误，如"我们姑奶奶也是——刚过门，把他们那边的老人全开发了。等会让人家说，连个丫头也容不住！"（第二二七页），即被印成"我们姑奶奶也是——刚过门，把他们那边的老人家说，连个全开发了。等会跟人丫头也容不住！"

从唐文标"发掘"《连环套》、《创世记》开始，张

087

爱玲一九五二年以前仅见于报刊的作品陆续"出土"，然而作者的态度始终如其所云"对于这些旧作反感甚深，但是无法禁绝"（一九九三年六月九日致苏伟贞），只好被迫将其编入《张看》、《惘然记》和《余韵》等集子中，以免"不收进去白送了盗版者"（一九八三年十月十日致宋淇夫妇）。对于未被发掘的旧作，自己从来不曾主动提示。《郁金香》也许后来被她遗忘，也许没有，不过不愿提起罢了。

我这篇文章，与此前作文路数多少不同，所写有事实，也有推测，虽然不曾将二者混为一谈。所有推测都基于目前所见张爱玲的作品，或许将来又有新的发掘，证明我推测错了。

二〇二〇年八月六日

［附记一］一九四五年四月十日问世的《逸文》创刊号预告："下期本刊，有知堂，瞿兑之，谢刚主，刘佩韦，傅芸子，崇焕卿，尧公，五知，挹彭，商鸿逵，吴玉

年，齐宣，苏青，张爱玲，朱炳荪，雷妍诸氏执笔，希读者注意。"同年六月第二期出版，并无张爱玲的作品。第三期未及付梓。据该刊主编谢兴尧回忆："《逸文》第三期的文章，有十堂的《关于东郭》，傅芸子的《老友一士》，傅惜华的《屠赤水的戏曲作品》，谢刚主的《怅惘》，苏青的散文，张爱玲的小说等。"（《回忆〈逸经〉与〈逸文〉》，载一九九六年三月《读书》第三期）周作人《关于东郭》原稿确赖谢氏得以保存："此稿我本打算登在《逸经》第三期，因时局变化没有发表，存于我的箧底至四十年。"（《回忆知堂》，收浙江文艺出版社一九九六年七月出版《闲话周作人》），所云"张爱玲的小说"则不知究竟。

二〇二二年三月二十九日

[附记二] 张小虹著《文本张爱玲》（时报文化出版事业有限公司二〇二〇年九月初版）自许"以更敏锐的方式察知《异乡记》中的'绍兴大戏'为何在《华丽

缘》中由黑夜瞬间转为白昼，由男班全然翻转为女班"。按，《异乡记》云："这两天，周围七八十里的人都赶到闵家庄来看社戏。"与下文所云："对门的一家人家叫了个戏班子到家里来，晚上在月光底下开锣演唱起来。不是'的笃班'，是'绍兴大戏'。我睡在床上听着。就像是在那里做佛事——那音调完全像梵唱。一个单音延长到无限，难得换一个音阶。伴奏的笛子发出小小的尖音，疾疾地一上一下，吹的吹，唱的唱，各不相涉。歌者都是十五六岁的男孩子吧？调门又高，又要拖得长，无不声嘶力竭，挣命似的。"原本是两回事，前者系公开演出，后者则近乎"堂会"。《华丽缘》云："正月里乡下照例要做戏。这两天大家见面的招呼一律都由'吃饭了没有？'变成了'看戏文去啊？'……老远就听见祠堂里'哐哐哐哐'锣鼓之声。新搭的芦席棚上贴满了大红招纸，写着许多香艳的人名：'竺丽琴，尹月香，樊桂莲'。"复云："这舞台不是完全露天的，只在舞台与客座之间有一小截地方是没有屋顶。台顶的建筑很花俏，中央陷进去像个六角冰纹乳白大碗，每一只角上梗起了棕色陶器粗棱。戏台方方的伸出来，盘金龙的黑漆柱上左右各黏着一份'静'与'特等'的纸条。右边还高挂着一个大自鸣钟。台上自然有张桌子，大红平金桌围。"《小团圆》第九章系由《华丽缘》删改而成，更其简明："乡下过年唱戏，祠堂里有个很精致的小戏台，盖在院子里，但是台顶的飞檐就衔接着大厅的屋顶，中间的空隙里射进一道阳光，像舞台照明一样，正照在旦角半边脸上。"在这祠堂里上演的是《异乡记》中大家赶来看的社戏，角色与内容与"对门的一家人叫了个戏班子到家里来"、"我睡在床上听着"的有所不同。论家将二者混为一谈，所言"到了《华丽缘》，则是完全不同的布局与企图，其中最明显的不仅是以'的笃班'置换了'绍兴大戏'，更是从'战争'主题转到了'爱情'主题"云云也就落空了。

二〇二二年十月十四日

[附记三] 谢其章君近示一九四六年五月《文章》第一卷第三期所载怀宛《海派周刊文坛内幕》一文，使我对当年"海派方形周刊"有新的认识，先前某些判断或需再作斟酌。文章有云：

　　"在这些周报的文章中，最吃香的无异是女明星的奇闻，女伶的艳史，汉奸的丑史，和一些'女作家'的热情小品，而有资格登在封面以资号召的，有人统计是'四白一言'，那是指四个姓白的和一个姓言的女人们的事情。

　　"写稿的换来换去是这几个人，写稿的对象换来换去也是这几个人，每天每刻都在写而结果必然无事可写，于是一般稿子的来源不外是：一抄袭，二变化，三造谣。

　　"文抄公年年有，惟有周报中的多，自动的不算，有时候编者，还会鼓励你。他说：写一篇关于某女星的事吧！你回答说：无事可写。他一手送上钞票一面说：抄一点好了。于是你接过钱抄起来了，从那位女明星十六岁拍电影说起，这些事情细心的读者会说他已经看过十七八篇了，可是照样可以销过二万份。

"抄袭的不算，有些会创造新闻的作者更会捕风捉影，譬如遇见女明星和胖胖的男人坐在三轮车中，立刻写一篇'女明星嫁作商人妇'，如果只遇见女的一个人，新闻没有，但是也可以写一篇形容一下她的衣服，而加个'某明星曲线毕露'的标题。

　　"总之，这些'制做'的文章都有一个极引人的题目，使你掏出三百元买上一本，可是看完全文之后，和单看题目的功用差不多，因为除了题目那一句，其余大概都是空话。

　　"你一定又想问：难道这些周刊上就没有一点真实的秘密消息吗？回答是：周刊上是会登出真实的秘密，除非这消息已经是每个人都知道的秘密。事实上真正能哄动一时的秘密，最初不过很少接近当事者的人能知道，而一旦消息披露很容易被当事者发现写作者是谁，在如此情形下，谁也不愿意为一二万元出卖一个接近的朋友，而引起无穷的麻烦的。

　　"因此，在作家们足不出户制造出来的新闻中，难得也会过份的激怒了新闻的当事者，使她其势汹汹的到茶店的市场中来找那位写稿人理论。但是这究竟是少有的事，大多的都是不伤脾胃的消息和一个好题目，使一些化了钱的读者以为看到天下一切的奇事。"

此文写在"小型蜕变为方形十二开海字的周报"，"你也出我也出，愈出愈多，报摊上堆满这些方头周刊，每天都有五六种出版"之时，作者显然下过一番调查工夫，值得研究者予以重视。回过头看本文引用的那些有关《描金凤》的"消息"，确实难免怀宛所言"一抄袭，二变化，三造谣"，所以还是限于那句"这段时间张爱玲在写《描金凤》，其间或有波折，至此尚未完成，且始终没有发表机会"，此外则不敢轻信。说实话，假如不是《杂志》首先提及此事，或许并无引用的必要。涉及《传奇增订本》者，亦仅供参考。

顺便一提近年两篇"张爱玲佚文"被发现之事。一是一九四六年四月十日《山海经旬刊》创刊号所载《上下其发》（署名连云），一是一九四六年六月十五日至十七日《今报》"女人圈"副刊连载《不变的腿》（署名世民），均经上述"海派方形周刊"披露出自张爱玲手笔。

前者见一九四六年四月十五日《香海画报》第五期一之《张爱玲改名连云　苏青不忘〈天地〉》："在某一本新出的旬刊中，我发现了两个秘密，一个是《上下其发》的作者，署名'连云'，其实是张爱玲小姐的男化写法，另一个是《堕胎记》的作者，署名'黄丽珠'，其实就是苏青。过去有'文坛女纵横家'的张苏风头，现在她们又走上卖文之路，想来大有苗头，可惜她们换了笔名，自然读者不容易知道了。最近苏青编某报，报名上面有八个字：'谈天说地，博古通今'，乃是她不忘过去她编的《天地》半月刊与她的朋友朱朴之编的《古今》半月刊，两个半月合而为旬刊，内容仍有《天地》作风，且多是《天地》作者，有人说这是苏青的'枪花'，或者是不错的。"

后者见一九四六年六月二十六日《香雪海画报》第一期载春长在《张爱玲化名写稿》："善于心理描写，在中国也有一部份读者的张爱玲，自从胜利以后，便搁下中国笔，打开打字机，从事英语著述，准备像林语堂那样换取大大的美国金洋钱。但据消息传来称：张爱玲近

095

忽化个叫'世民'的笔名,写了许多小品,交最近出版的《今报》的'女人圈'发表。她的第一篇东西叫《不变的腿》,是一篇颂扬女性大腿美的赞美诗,写来清松有味,引证亦多。据该报'女人圈'的编者苏红说:'张爱玲还有十几篇题材写给我,并要求我,每篇替她都换上一个新的笔名呢。'"不排除张爱玲确系《上下其发》《不变的腿》的作者,但相关推论以海派周刊所言为前导,究嫌略欠坚实;且其一云"我发现了两个秘密",其一云"据消息传来称",采信更应稍加小心。

二〇二三年六月三日

《怨女》故事

一

张爱玲的小说写作史上，有几篇颇具特殊意义，尽管未必一定是精彩之作。包括一九四三年的《沉香屑 第一炉香》，这是她第一篇成熟的作品；一九四七年的《多少恨》，风格转向通俗化——如果考虑到该阶段跨越两个历史时期，或许还得加上一九五〇至一九五一年的《十八春》；一九五三年的《秧歌》，视野与主题都有重大的变化；最后是一九六六年的《怨女》，由此回归中文创作——假如不将此前编写电影剧本视为严格意义上的文学创作的话。这还涉及发表作品的报刊、编辑或相关负责人，《第一炉香》是《紫罗兰》与周瘦鹃，《多少恨》

和《十八春》是《大家》、《亦报》与唐大郎、龚之方，《秧歌》是《今日世界》与理查德·麦卡锡，《怨女》则是香港的《星岛晚报》，经手人我还不知其名。就中又数《怨女》面世的过程最为曲折复杂，传记作者及论家于此往往语焉不详，甚或以讹传讹。现在收录张爱玲与宋淇、邝文美通信的《纸短情长：张爱玲往来书信集Ⅰ》、《书不尽言：张爱玲往来书信集Ⅱ》（宋以朗编）即将出版，加上先前印行的庄信正编注《张爱玲庄信正通信集》和夏志清编注《张爱玲给我的信件》，大致可以搞清来龙去脉了。

张爱玲一九六三年四月二日致信宋淇夫妇，第一次提及此事："《星岛晚报》的小说，困难在我的《易经》与《金锁记》都是旧作改写，读者向来只看情节，炒冷饭未免使人倒胃口。等 Stephen［即宋淇］几时见到那编辑的时候或者可以讲起这一点，看他什么反应。二者之间《金锁记》较适宜，但是我觉得越是长久没写，读者看看又是老一套，会有反宣传的效果。"宋淇来信已佚，他何时开始与《星岛晚报》接洽，"那编辑"又是谁，均不得而知。但显然已达成共识，只是请张爱玲将其待出版的英文小说译成中文发表；从后续情形看，报纸方面对内容是否"炒冷饭"或"老一套"并不在意。

张爱玲所云"《易经》与《金锁记》"，前者即 *The Book of Change*，分为 *The Fall of the Pagoda*（《雷峰塔》）和 *The Book of Change*（《易经》）两卷。张爱玲一九五六年十月三日致邝文美："在下星期内又得写好一个小说大纲，申请 Guggenheim Fellowship［古根海姆奖］，至迟要在十月十二前寄出。"十月十二日致邝文美："一直忙到昨天才告一段落，把 Guggenheim 申请书与小说大纲寄出。明年四月才有回音。另有一个 Fellowship 需要附寄小说的一部分，只好暂缓。"十一月十六日致邝文美："我把下一篇新小说写了两章作样品寄了去申请 Fellowship。"一九五七年八月四日致邝文美："我正在写的长篇是关于自己的事，题目没想出。有一个疑问：上海'解放'前夕是否可能仍有人拟乘火车逃难，但发现车站正激战，火车停开。如有此可能，是北站？西站？这是最后一章，今年决写不到，请你们慢慢地替我打听打听。"九月五日致邝文美："新的小说第一章终于改写过，好容易上了轨道，想趁此把第二章一鼓作气写掉它，告一段落，因为头两章是写港战爆发，第三章起转入童年的回忆，直到第八章再回到港战，接着自港回沪，约占全书三分之一，此后写胡兰成的事，到一九四七年为止，最后加上两三章作为结尾。"一九六一年二月二十一日致宋淇夫妇："小说取名 *The Book of Change*（《易经》），照原来计划只写到一半，已经很长，而且可以单独成立，只需稍加添改，预算再有两个月连打字在内可以完工。"同年九月十二日致邝文美："我仍旧在打字打得昏天黑地，七百多页的小说，月底可打完。"九月二十三日致邝文美："我打字已打完，但仍有许多打错的地方待改。"写作至此已经结束，所云"七百多页"，与后来见到打字稿者讲的"近八百页篇幅"正相一致。拟议中的后半部分则搁置未写。张爱玲的中文小说《小团圆》"是采用那篇奇长的《易经》一小部份""加上爱情故事——本来没有"（一九七六年三月十四日致宋淇夫妇），实际上涵盖了"原来计划"，只是篇幅相对要小得多。坊间将《易经》、《雷峰塔》与《小团圆》说成"自传小说三部曲"，并不确当。后者为脱胎于《金锁记》的 *The Rouge of the North*（《北地胭脂》），起初名为 *Pink Tears*（一般译作《粉泪》，作者自己在通信中称为《红泪》、《胭脂泪》，或者径称《金锁记》），详细情况下面再说。

《星岛晚报》约稿时，张爱玲正在写英文小说 *The Young Marshal*（《少帅》），一九六三年一月二十四日致邝文美："我现在正在写那篇小说，也和朗朗一样的自得其乐。"同年二月二十七日致宋淇夫妇："我的小说还不到一半，虽然写得有滋有味，并没有到欲罢不能的阶段，随时可以搁下来。"讲的都是这部作品。《纸短情长》于前一信加注云"'那篇小说'指英文长篇小说《易经》（*The Book of Change*）"，疑误。此时张爱玲还在继续为香港电懋公司编写电影剧本，中译自作英文小说尚非紧要之事。

张爱玲虽然说"二者之间《金锁记》较适宜"，接下来却转而倾向另外一部："《易经》决定译，至少译上半部《雷峰塔倒了》，已够长，或有十万字。看过我的散文《私语》的人，情节一望而知，没看过的人是否有耐性天天看这些童年琐事，实在是个疑问。下半部叫《易经》，港战部份也在另一篇散文里写过，也同样没有罗曼斯。我用英文改写不嫌腻烦，因为并不比他们的那些幼年心理小说更'长气'，变成中文却从心底里代读者感到厌倦，你们可以想象这心理。……在香港连载零碎寄太费事，而且怕中断，要大部寄出才放心，所以还说不出什么时候能有。"（一九六三年六月二十三日致宋淇夫妇）以后又说："《雷峰塔》还没动手译，但是迟早一定会给《星晚》译出来，临时如稿挤捺下来我决不介意。"（同年七月二十一日致宋淇夫妇）"译《雷峰塔》也预备用来填空，今年一定译出来。"（一九六四年一月二十五日致宋淇夫妇）此时她又应麦卡锡之邀为美国之音撰写广播剧，现存根据索尔仁尼琴原著改编的《伊凡生命中的一天》即为其一，故有"填空"一说。但她仍然顾虑重重："《雷峰塔》因为是原书的前半部，里面的母亲和姑母是儿童的观点看来，太理想化，欠真实，一时想不出省事的办法，所以还没译。"（同年五月六日致宋淇夫妇）这里一再谈到的主人公的视点问题，后来在《小团圆》中终于得以解决。那部小说由不同时空里主人公盛九莉的念头，她与人物的话语、动作，以及关于时空并不完整的印象所构成的片断交错拼接而成，贯穿始终的是她三十岁左右时的视点，多数片断发生在之前，个别则在以后，近乎"瞻前顾后"。从这个意义上讲，*The Fall of the Pagoda* 和 *The Book of Change* 是《小团圆》的部分不很成熟的前身。

张爱玲一九六四年五月二十五日致宋淇夫妇："译小说一再耽延，完全是为了材料问题。Stephen 说得很对，但是《胭脂泪》现在也还在流动状态中，一等改完就可以决定译哪一篇，马上动手，尽早寄来。我也曾经想到耽搁太久会有变化，但是自己如感到忐忑不安，势必一面译一面改，结果很费事。"同年七月十一日致邝文美："《金锁记》刚改完，正忙着打。……等打完就翻译。"十一月十一日致宋淇夫妇："从上个月起我赶着编《荻村传》无线电剧本，预备一编完就译一两章《胭脂泪》先寄来，看《星晚》还要不要。今天一找，新打的三份都不在这里，改得乱七八糟的原稿在搬家的时候销毁了。有一份一两个月内可以拿回来，但是已经耽搁得太久，势不能再拖。"历时一年有余，她终于舍 *The Book of Change*，而取 *The Rouge of the North*。

　　不过有如张爱玲所说，*The Rouge of the North* "还在流动状态中"——她正在重新修改这部作品，该项译事须待定稿后才能进行。附带提一下，此时 *The Young Marshal* 已经停笔，因为读过的人抱怨所涉历史混乱，人名又记不清。张爱玲同年五月六日信中有云："三年来我的一切行动都以这小说为中心，现在得要全盘推翻，但目前也仍旧这样过着，也仍旧往下写着。"继而发生电懋公司高层空难事件，张爱玲自一九五五年开始的电影编剧生涯随之告终，最后一部作品《魂归离恨天》未能投入拍摄。

二

且来回顾一下 *The Rouge of the North* 一书的成因及写作过程。《金锁记》一九四三年十一月、十二月发表于《杂志》第十二卷第二期、第三期。迅雨即傅雷在《论张爱玲的小说》一文中褒《金锁记》而贬《倾城之恋》等，张爱玲则作《自己的文章》回应："极端病态与极端觉悟的人究竟不多。时代是这么沉重，不容那么容易就大彻大悟。这些年来，人类到底也这么生活了下来，可见疯狂是疯狂，还是有分寸的。所以我的小说里，除了《金锁记》里的曹七巧，全是些不彻底的人物。他们不是英雄，他们可是这时代的广大的负荷者。因为他们虽然不彻底，但究竟是认真的。他们没有悲壮，只有苍凉。悲壮是一种完成，而苍凉则是一种启示。"《传奇》所收诸作中唯独此篇后来被作者重写，当非偶然。从最终完成的 *The Rouge of the North* 及《怨女》看，《金锁记》的确有她不满意的地方，并不是故意拗一调。

一九四七年至一九四八年，张爱玲将《金锁记》改编为电影剧本，预定由桑弧导演，始终未能开拍，剧本今已不存。一九五六年六月十一日致邝文美："以前我所计划的太简单，像电影，搬到小说里就缺少真实感。"一九六三年九月二十五日致夏志清："至于为什么需要大改特改，我想一个原因是一九四九年曾改编电影，因共党来沪未拍成，留下些电影剧本的成分未经消化。"一九七五年十一月十二日致宋淇："《金锁记》与《怨女》可以参看，因为后者多出早年部份，本来是电影剧本。"此项改编当视为 *The Rouge of the North* 写作过程的一个环节。

张爱玲一九五二年至一九五五年在香港期间，邝文美记下她的一些言论，后来辑为《张爱玲语录》。其中有一则云："我要写书——每一本都不同——（一）《秧歌》；（二）《赤地之恋》；（三）*Pink Tears*；……"这是她第一次谈到重写《金锁记》，且已想好英文书名，有此计划尚在动手写《秧歌》及《赤地之恋》之前。

张爱玲一九五六年一月十四日——来到美国不过两个多月——致邝文美："《金锁记》后半的内容始终不确定，mood［兴致］是反正 evaporate［减弱］了。"同年二月十日致宋淇夫妇："上次我告诉 Mae［即邝文美］不能决定'Pink Tears'下半部怎样，现在已和 Mrs. Rodell 讨论过，她认为可以完全不要，plot［情节］不要太复杂。我也觉得现在这故事发展得和从前很两样，前半部已经成了个独立的故事。这思想上的症结一除去，我就又可以写下去了。"删去姜长安的故事，将前半部分中女主人公的情感历程，包括她与小叔子的关系描写充分，乃是有别于《金锁记》最大之处。三月十四日致邝文美："'Pink Tears'新的三章 Mrs. Rodell 说好，说要叫 Scribner's 看过之后就摊牌，到底要是不要。"一九五七年三月二十四日致邝文美："*Pink Tears* 的最后七章终于在十三日寄出，……Mrs. R. 说 *Pink Tears* 她看了非常喜欢，现已交给出版公司，不知他们反应如何。我真等不及想给你们看，因为最后几章我自己很满意——as usual［像往常一样］。我永远'自我欣赏'得厉害。"前后大概写了一年时间。

然而书稿由经纪人 Mrs. Rodell 送交美国各出版商，遭到一致拒绝。"编辑退回的理由大致相同：人物太不使人同情。……同样的写实性如果应用在欧洲或美国南部的背景上，他们就毫不以为奇，但是小说里的中国人非得是纯良的王龙阿兰，再不然就是滑稽而 cute［聪明伶俐］。"（一九五八年三月三十日致邝文美）"Knopf 我记得是这些退稿信里最愤激的一封，大意是：'所有的人物都令人起反感。如果过去的中国是这样，岂不连共产党都成了救星。我们曾经出过几部日本小说，都是微妙的，不像这样 squalid［丑恶］。我倒觉得好奇，如果这小说有人出版，不知道批评家怎么说。'"（一九六四年十月十六日致夏志清）张爱玲则表示："我对于这部小说的出路当然担忧，对于坏的批评却完全不放在心上，正如他这里提到的那些好评也根本是隔靴搔痒。"（一九五七年六月五日致邝文美）对于她来说，一生中大概只有一九四三年至一九四五年之间，才真正是想写什么就能写什么，此后很少再有这种际遇，不管在中国还是在海外，是用中文还是用英文写作。

张爱玲不止一次修改这部英文小说。一九五八年九月二十二日致邝文美："这些天来我一直在部份地改写

110

'Pink Tears'，添补一些心理过程，……我自己隔了时间的距离再看 'Pink Tears'，也发现许多地方写得不够，但与他们的批评完全无关，一本书的基调根本是无法改的。我预备把补充的部份先打出一份自己看过，再把全书另打一份。反正我尽到了心就是。'"同年十二月四日致邝文美："在纽约的时候我把添写过的 *Pink Tears* 交给 Mrs. Rodell，……新的 version［版本］她看过后来信说认为比以前的效果强。"司马新著《张爱玲与赖雅》提到这期间夫妇二人偶有争吵，"有时是为了他修订她的作品时意见分歧，包括《粉泪》，现在改名为《北地胭脂》（*Rouge of the North*）"。但张爱玲其后于一九五九年一月十一日、三月十六日致信邝文美，仍然提到"Pink Tears"。夏志清《张爱玲给我的信件》则说，"香港回来后，她决定把《粉泪》改写成《北地胭脂》。"那么是再次修改时才改名的了。

张爱玲一九六三年五月十九日致夏志清："稿尚未改完，下月初想仍在纽约，当尽早寄上。"可知已经动手一段时间。一九六四年十一月十一日致宋淇夫妇："我上次信上说《胭脂泪》改写完了，随即又发现还需要改，直到搬家前才寄给夏志清。"除前引信中所云修改旨在消除电影剧本的痕迹外，还提到一点："英文本是在纽英伦乡间写的，与从前的环境距离太远，影响很坏，不像在大城市里蹲在家里，住在哪里也没多大分别。"（一九六三年九月二十五日致夏志清）"这小说先后都是在 Peterborough［彼得伯勒］写的，那荒凉的环境显然使我脑筋混乱，许多毛病现在一望而知。"（一九六四年七月十一日致邝文美）

夏志清所著《中国现代小说史》曾称《金锁记》为"中国从古以来最伟大的中篇小说"，张爱玲却在给他的信中说："事实是在改写中，因为要给你过目，你是曾经赏识《金锁记》的，已经给了我一点 insight［洞察力］，看出许多毛病，使我非常感激。"（一九六三年九月二十五日）这与当初傅雷赞扬此篇时她的反应其实相去不远；尽管现在态度要谦和得多："《金锁记》一经收到稍加整理就寄来，许多改动的地方也许您不赞成，看过后希望尽管告诉我。"（一九六四年四月二十三日致夏志清）《中国现代小说史》中写道："七巧和她女儿长安的冲突，张爱玲有更细腻的描写；她的戏剧手法，令人叫绝。"如前所述，这一部分已经尽皆删去；女主人公的性格，以及作者对她的态度，也发生了很大变化。张爱玲曾说："我的小说里，除了《金锁记》里的曹七巧，全是些不彻底的人物。"（《自己的文章》）《怨女》中的银娣较之七巧，恰恰变为"不彻底"了，处处落在了实处。至于傅雷所说："情欲（Passion）的作用，很少像在这件作品里那么重要。"《怨女》中仍然如此，但在银娣身上更有根了，真正达到了铭心刻骨。此篇塑造银娣这一人物之充分，刻画她与三爷关系之复杂，以及通篇笔意之浓淡程度，都是最好的。作家分为自觉与不自觉的两类，其一确切知道自家作品好坏何在，其一并不清楚，要等别人做出评价；至于文学成就，则未必因此而判明高下。张爱玲属于前一类，始终不为批评家所左右，无论他们说好说坏。

张爱玲一九六三年九月二十五日致夏志清："我觉得在这阶段或者还是先给你认识的批评家与编辑看看，不过当然等你看过之后再看着办，也不必随时告诉我。"夏志清回忆说："后来爱玲信上指名要我找同系教授 Donald Keene［唐纳德·金］，只好硬了头皮请他把书稿加以审阅，但他的反应并不太好。早在五、六〇年代，美国学人间译介古今日本作品的，keene 即已推为第一功臣。他居然看了《北地胭脂》稿，也算是我天大的面子。"张爱玲一九六五年二月七日致宋淇："夏志清拿给 Donald Keane 看，Keane 也像一般'东方学家'一样把东方理想化，第一嫌这些人怎么都这样坏，而且连穷人也一样坏！"

张爱玲的英文写作未获成功，障碍之一来自美国出版界——背后是读者——乃至学者的"中国想象"，她却始终拒绝予以迎合。在这一点上，显然与经唐纳德·金等人介绍而在西方大受欢迎的日本作家谷崎润一郎、川端康成和三岛由纪夫有所不同——他们二战之后那些展现日本之美的作品，其实不无刻意写给外国人看的意味，尽管文学价值无可置疑。张爱玲却说："我一向有个感觉，对东方特别喜爱的人，他们所喜欢的往往正是我想拆穿的。"（一九六四年十一月二十一日致夏志清）"托你的那部小说改写不是为了能不能出版的问题，因为改了之后也不见得有人要，不过总要自己这一关先通过。"（一九六五年六月十六日致夏志清）日后重提此事，犹自耿耿于怀："西方闹了这些年的 anti-hero［反英雄］，《怨女》我始终认为是他们对中国人有双重标准——至少在文艺里——由于林语堂赛珍珠的影响。《怨女》如是美国南部人就很 tame［平常］。"（一九七六年四月四日致宋淇夫妇）

此外要说的是，当时在前述"中国想象"背后存在着一种意识形态，有如 Knopf 的编辑来信所云："如果过去的中国是这样，岂不连共产党都成了救星。"张爱玲显然并不认同这一过于简单而肤浅的逻辑判断。一九六五年她在为 *World Authors，1950–1970：A Companion Volume to Twentieth Century Authors*（《世界作家简介，一九五〇——一九七〇：二十世纪作家简介补册》）一书所写的自白中，曾详细阐述相关看法。要而言之，坚持自己对于"过去的中国"的真实反映。

三

张爱玲一九六五年二月二日致夏志清："我正在把那篇小说译成中文，一改成原本的语言就可以看出许多地方'不是那么回事'，只好又改，Donald Keene 所说的不清楚的地方当然也在内。译完后预备把英文原稿再搁几个月再译回来重打，距离远些可以看得清楚一点。费许多手脚，都是 an exercise in futility［徒劳之举］，但是又不能不这样做。我迟早总要寄到英国去，以前因为经纪人嫌版税少一直不肯送去，现在暂时是也谈不到，以后有什么发展再跟你商量。"同年二月七日致宋淇的信中则说"已经译完四分之三"。可知起手还要更早一些。

张爱玲同年三月一日致宋淇夫妇："《胭脂泪》还缺一章半，这两天先搁了下来。"这段时间，她又翻译了以后由香港今日世界出版社出版的威廉·奥康纳编《美国现代七大小说家》中的几篇，而赖雅身体状况日趋恶化，也令照顾他的张爱玲异常辛苦。六月十六日致宋淇夫妇：

"《胭脂泪》写到最后第二章，搁下几个月，现在又在写，不久就会寄来。女主角似乎一辈子只哭过两次，而上海气氛很浓，想叫《上海女》，又像是指南来的上海人。"同日致夏志清："现在中文本就快写完了，如果出单行本一定第一个寄给你看。"七月十九日致宋淇夫妇："《胭脂泪》写完了，正又从头看着一路改下来，剩下很少，再一搁怕又搁下了，所以这两天就在忙这个，过天再写信。"八月二日致宋淇夫妇："《胭脂泪》刚改完，等抄好就寄来。我觉得《胭脂泪》与原名《红泪》一样有点鸳蝴气，又在考虑叫《错到底》，是一种针脚交错的绣花花样。出单行本如有路子请尽管进行，不要等着问我，以后写信的时候顺便告诉我就是。否则就等刊出后再说也是一样，总之为我的事操心，已经感谢不尽。"十月十三日致宋淇："小说（想叫《怨女》，不知道有没有人用过这题目）快抄完了又要改。"十月三十一日致夏志清："《北地胭脂》（现在叫《怨女》）的中文本直到现在刚搞完，所以一直定不下心来写信。什么时候能把英文本译好打好，也讲不定，机械化的工作应当快些。"十一月

117

四日致宋淇夫妇："小说（与这封信同时寄出）一直写到老年，所以不能叫《闺中少妇》。交给报馆时请嘱咐他们把原稿留着，刊出后先放在你们那里，因为连载分段不免割裂，如出书可还原。……今天我要赶到邮局去寄那份小说稿，只来得及写这几句，过天再跟 Mae 和你畅谈。"十二月三十一日致夏志清："《怨女》再译成英文，又发现几处要添改，真是个无底洞，我只想较对得起原来的故事。总算快译完了。中文本五六年前就想给《星岛晚报》连载，至今才有了稿子寄去，想必有别的在登着，出书的事托 Stephen 料理，虽然他还没怎么样复原，好在是不急之务。"这里涉及两件事，一是将新修改后的 *The Rouge of the North* 译为《怨女》；二是将《怨女》再译为 *The Rouge of the North*，其间两种文本又都有修改。

张爱玲一九六六年一月二十五日致宋淇夫妇："昨天刚寄出一封信给你们，今天忽然想起一点：如果《星晚》登《怨女》有问题，出单行本也没有路子，不如全部平邮寄给我。夏志清因为喜欢从前的《金锁记》，曾写信问起现在的中文本几时出，或者可以托托他在台湾出。我没有问过他，出书也是不急之务，不过急于阻止你们费事拆散了寄来——也就是怕费事，我一直迟迟没有写信来，其实除了我昨天信上要的四章外，也还有些零碎的要改，我实在不能再麻烦你们一处处抽出来。早没有想到，也是因为这一向老忙着改，刚钻出水面透口气，有点昏头昏脑。"其后一段时间，她与宋淇夫妇失去联系，不得不转托夏志清，以致"《怨女》事接洽得一团糟，实在可笑"（张爱玲同年八月十九日致夏志清），这里略过不表。

直到这年九月九日，宋淇致信张爱玲说："好久没有写信给你，真是抱歉得很，因为替你办的事一直在谈而没有具体的结果，怕告诉了你而又不能实现，反而令你失望。最近总算有了着落，《怨女》已于八月二十二日在《星岛晚报》开始连载，稿费共 \$1300（这是《星晚》的算法，每千字二十元，近年来最高的稿费，可是要扣除标点，所以只算六万五千字）。《星晚》是全港销路最广的报纸，素来不卖任何人的账，所以我只好迁就一下。稿费我已代为领到。另须付出抄写费 \$75，折合美金为

$213。附上美金支票一纸，请查收。台湾方面则已接洽好，由《皇冠》杂志连载，计共分八、九、十月三月登完，所登的只是《皇冠》的台版，而星马海外版则将该小说抽出，以免与《星晚》冲突。稿费说好是 $1000，在香港领稿费，现尚没有领到，可能要到十月份之后。领到后也会寄上给你。总之，《怨女》能一稿两投，可说是近年少有的奇迹，而且是大报和大杂志，要凑合两方的时间、字数、条件很是不易，其中经过之曲折，所须要的口舌和笔墨也不必多说，不过我还是觉得很值得，因你究竟是中国人，已经有十年没有在中国刊物上发表过作品，现在正是让你重新和中国读者结缘的良好时机。《星晚》我已替你剪留一份，到时一并寄上，《皇冠》一册当即先寄出。《星晚》我写了一篇介绍短文，只留了一份，给《皇冠》要去，可能转载。至于因此而起的下文，皇冠出版社拟将你的旧作整理一下，再出一次全集，不过出版社方面认为是 prestige［声望］性质高过于商业，将来出版后只能送一部份书，到销路能够成本后才能抽版税，我已经拿你的港版《短篇小说集》，《流言》，《秧歌》，《赤地之恋》，交了给他。皇冠的出版人平鑫涛很有魄力，同时也是《联合报》文艺副刊（台湾销路最广的民营报纸）的编辑。我认为他最有实力而最可靠，不如交给他可以放心一些。……以上各事，如你同意，希望你在信中提一声，我这样做，是想为你做得热闹一点。因为近十年来，东南亚各地的学生和知识份子越来越多，而对严肃的文艺作品也越来越有人读。希望由此再为你多打一条出路。"《怨女》连载于一九六六年八月至十月《皇冠》第一百五十期至一百五十二期。

张爱玲同年十月十三日致宋淇夫妇："《怨女》自去年十一月寄来后，我曾经写过好几封信来，要根据改过的英文本，取回修改。……夏天终于以为一定是丢了，根据改过的英文本译出后，预备等抄好了寄给夏志清托人出版。正接洽间，忽然听见说已在连载，非常诧异而且窘，因为叫夏白忙了一阵。连忙去信阻止根据连载出单行本，我最关心的是这一点，虽然多数读者也已经看过了。前天刚收到《皇冠》刊的下半段，稿经重抄，不但错字多，整句都漏掉，还改了几句，看了非常痛心。

出书无论如何要自己校对一次。"宋淇十月三十日致张爱玲："《怨女》在《星晚》已连载完毕，……《怨女》我给的《皇冠》是原稿，抄稿反而给了《星晚》，经我校过。《皇冠》照理不应有漏句等现象，因为我曾郑重叮嘱不许妄动。"张爱玲十二月二十六日致宋淇："收到《星晚》的《怨女》，随手翻到一段，第一句就漏掉个'还'字。如果是在末尾，或者是为篇幅删去一字，但是在篇首，使我不忍再看，只看了两段别人的小说。你百忙中替我校一遍，我是真的感激，但是究竟跟自己写的不同，不会少掉一个字就觉得口气不对，那一句直跳出来，刺目。出书我只好请他们空邮寄给我校一遍，邮费我出。我在港台只想给读者一个较好的印象，除了希望单行本多销两本，别的都不计较。……英文的《怨女》将在英国由 Cassell 出版，Rodell 想再在美国试试。"宋淇一九六七年二月五日致张爱玲："《星岛》报上的《怨女》，他们报馆另有校对，我所负责的仅是找人代抄的那一份。"

《星岛晚报》和《皇冠》发表的是《怨女》未经改定的旧稿，又有不少手民之误，张爱玲对此的反应不仅不如宋淇所期待的热烈，反而生出不少烦恼。或许还应提到一点，虽然如宋淇所说，《星岛晚报》所支付的是"近年来最高的稿费"，但并没有多少钱；而《皇冠》的稿费更低——宋淇一九六六年十月三十日致张爱玲："《怨女》皇冠的稿费共港币壹仟元已送来，折合成美金为＄174元。"较之她此前为电懋公司编写电影剧本要差很多，例如一九六三年二月二十二日经宋淇之手寄去的一笔稿费，即为"cheque US＄788.88"。

然而无论如何，我们叙述至此的这件事情，确实改变了作家张爱玲的命运。她因而重新回归中文写作，并获得巨大成功。追根寻源，还应归诸当初《星岛晚报》通过宋淇向张爱玲约稿，否则根本就没有《怨女》这部作品。《怨女》同时在《皇冠》连载，以后又由皇冠出书，更有张爱玲全集的印行，《星岛晚报》此举及其后的长期等待，多少为之所掩。但该报及经手人——不知道是否始终为同一位，斯亦可谓诚心诚意、锲而不舍矣。《星岛晚报》开始连载《怨女》，距离约稿已经过去三年多——那是在一九六三年，张爱玲一九五五年十二月十八日致邝文美："有一天我翻到批的命书，上面说我要到一九六三（！）年才交运（以前我记错了以为 1960），你想岂不等死人了？'文章憎命'那种酸腐的话，应用到自己头上就只觉得辛酸了。"一九六三年一月二十四日致邝文美："今天是阴历除夕，你知道我对明年抱着 mystical ［神秘］的希望，……"令人不禁感慨系之，尽管只是巧合而已。无论张爱玲还是宋淇夫妇，当时显然都没有想到这一点。

关于在英国出版 *The Rouge of the North*，尚有一事可以提及。张爱玲一九六六年十二月十二日致庄信正："我曾到 Library of Congress ［国会图书馆］中文部查'南朝金粉，北地胭脂'出典，主要想知道是否七世纪写的，虽然大家都知道这句子，仍旧查不出，想托你查查。"庄信正回忆说："'南朝金粉，北地胭脂'：她要用作 *The Rouge of the North* 的卷首引语。这两句话尽人皆知，但我遍查、遍问，始终未能找到出典。顾孟余先生当时也在加大中国研究中心，他认为大概是人们拿'六朝金粉'和'北地胭脂'这两个词凑合而成的，古书里似乎没有先例。我告诉了张先生。书出后见她译成'the face powder of southern dynasties，/The rouge of the northern lands'，下面注明：'Chinese expression for the beauties of the country，probably seventh century'（中国形容美女的话，大约始自第七世纪）。"

The Rouge of the North 由 Cassell & Company Ltd. 出版，版权页只注明"First published 1967"。张爱玲一九六八年一月七日致宋淇夫妇："《北地胭脂》已经寄了本给你们。正赶着英磅贬值那两天出版，可能毫无反响。"如此则出版时间是一九六七年十一月。

在保存下来的一个笔记簿上，张爱玲写道："《怨女》极有限，而黏缠不休，断断续续占掉大半生。""为什么不写这些而写陈谷子烂芝麻？因我非新闻记者。未经一廿年的消化，写出来也不是那回事。"（见冯睎乾《张爱玲神秘的笔记簿》）而对于她来说，直到 *The Rouge of the North* 出版，一项旷日持久的工作才告结束。所以笼统讲她将《金锁记》改写为《怨女》花了多少年并不确当，费时良久的是完成 *The Rouge of the North*。《怨女》只是此书第二次修改稿与最后定稿的中间物，或者说是副产品而已。前引张爱玲致夏志清信中所说"我只想较对得起原来的故事"，乃是她有关自己这一创作过程的总结，也是对从傅雷到夏志清一干学者，乃至视《金锁记》为其代表作的读者的回应。至于 *The Rouge of the North* 面世后遭到冷遇，乃至未能如作者所愿在美国出版，则是另外一回事。

一九六八年七月《怨女》由皇冠文化出版有限公司印行，所据系张爱玲的改定稿；同月付梓的有《张爱玲短篇小说集》，而此前一月，《秧歌》和《流言》已经出版。平鑫涛著《逆流而上》有云："一九六五年在香港，我遇到了宋淇先生，他是一位温文尔雅的读书人，我们一见如故，他很热心地推荐了好几位香港的作家给我，尤其是张爱玲。那时，张爱玲已旅居美国。听到张爱玲的名字，我觉得又亲切，又高兴，出版她的作品，绝对是一个很大的荣幸。《怨女》在一九六六年四月出版，彼此合作愉快，从此张爱玲的全部作品，都由'皇冠'独家出版。"所提到的两处时间均有差池，后者或袭自《怨女》

晚近版本"初版：中华民国五十五年四月"的错误注录。

四

再来讲讲这件事情的若干余绪。继《怨女》之后，张爱玲发表的中文作品是《半生缘》，系据旧著《十八春》改写而成。宋淇一九六六年十月三十日致张爱玲："据我所记得，这本书绝对会受读［者］欢迎，因为那时写得较通俗化，而且对象也不同。不过你仍要花点时间去改写，尤其是结尾，书名也要改掉。这本小说很容易在港、台寻到出版。问题是你有没有时间?"关于《十八春》与《半生缘》，有暇容当另写一文。这里只提几点，第一，修改并未花费多少时间，张爱玲同年十一月十一日致宋淇夫妇："我没把《十八春》剪报寄给夏志清，只有单行本，还没来得及改。"十二月三十日致夏志清："这两天我正在改《十八春》（题目也不能不换一个），重抄部分需要印个副本，又要耽搁些时候。"一九六七年一月二十三日致宋淇："《十八春》早已改完，主要是改重逢一场，从前就自己不满意，但是那时候还可以有种种藉口。"同年四月二十九日致夏志清："临走把《十八春》抄好复印了一份。"第二，张爱玲一九六八年八月十七日致宋淇："《半生缘》我直到最后都 tempted［很想］要改为重圆，惟一的可能是叔惠翠芝结合，世钧回来人已不在。因为小说里一向的 conventions［惯例］，谁都知道绝对不会离婚，要吊人胃口非常难，只有完全翻案，来个出其不意。但是我想'新言情小说'的读者们也许看了happy ending［美满结局］更觉得俗气廉价，何必又费上许多时间？我又还想过，来个 alternate ending［可替换的结局］，像'The Lady or the Tiger'［《美女还是老虎?》］，让人猜是哪个。结果因为本来没预备大改，也就算了。"宋淇同年八月二十七日回信："《半生缘》的ending 如采用 alternate ending 当然很新奇，可是与作品的风格和写法不统一，还是让它像现在那样算了。"第三，张爱玲曾称《十八春》为"那部 potboiler［为糊口而写的］长篇"、"故事性强的多角恋爱故事"。（一九六六年十月三日致夏志清）一九六八年六月二十六日致宋淇信则云："我本来一直觉得在现在这情形下，写英文无论怎样碰壁，中文还是只能做副产品。只好听其自然。《半生缘》也无以为继，我写一部琼瑶可以写一百部。"该书先以《惘然记》为题在《皇冠》连载，后定名《半生缘》，于一九六九年三月由皇冠出版。张爱玲说："以后我想写篇关于《十八春》，这本来是 meant to be potboiler［糊口之作］，结尾不那样无法在大陆上发表；此后不忍让它湮没了，改写为《半生缘》，朋友都知道。"（一九七八年九月十六日致宋淇夫妇）该文且曾暂定名为《回眸十八春》（一九八六年六月九日致宋淇夫妇），然而一直未能写成。张爱玲并未再用英文创作作品，只是将《海上花列传》译为英文，可惜定稿不慎遗失。

宋淇一九六八年二月九日致张爱玲："*The Rouge of the North* 收到，不知你中文原作也改名否？现在英文版既已出版，何不写一篇短文，放在中文版前面作《序》，也好让大家知道一下这书非泛泛之作。这是很重要的，因为中国人在这方面，没有刊物报导这一类消息，也没有书评家会提及，孤陋寡闻，只好劳动作者自己了。"张爱玲同年二月十七日致宋淇："《北地胭脂》中文本仍叫《怨女》。你说写篇短序，我试写了个大纲看看，相当长。反正出版再耽搁几个月也没关系。里面也提到《红楼梦》，……"三月十三日致宋淇："皇冠全集已排好，我又写条子去告诉他们《怨女》要写篇序，暂缓出版。"五月一日致宋淇夫妇："《辑评》也借来了，还有脂本，大看之下，越写越长。现已寄给平鑫涛，也许还来得及作'代序'或'代跋'。他说五月出。……在赶这篇《红楼详梦》，什么都搁了下来。"宋淇五月七日信中建议"文分为二"：其一"《怨女》加前言"，其一"《红楼》"。张爱玲五月十五日致宋淇："我也曾经觉得应当分成两篇，但是拆开来后半部不能单独成立。……像志清、朱西宁对《怨女》起反感，都是觉得女主角太卑鄙，disgusting［可恶］，作为旧礼教下的牺牲者不够格。我是想从 reconstruction of［再现］《红楼梦》佚文说起，证明这本书与当时的道德观念距离多么大。我们说古人'走在时代前面'，总以为是合现代标准，其实也许还在我们前面。"前引五月一日信中，她曾提到刘绍铭"也跟志清一

130

样觉得我写东西退化，尤其不该滥改《金锁记》"，"朱西宁说光只不喜欢《怨女》"。六月二十六日致宋淇："那本书除了你讲的那两句话之外，我完全只能 fall back on my own standards［回归自己的标准］，不过我对自己写的东西从来不敢往理论上想，也是怕像蜈蚣一旦知道怎样运用那些脚就不会走了。所以只好又 fall back on［转而求助于］脑子里最基本的东西，如《红楼梦》，但是太 controversial［有争议］反而不好，而且把《红楼梦》跟《怨女》一口气连着讲也招骂，还是拆开来专讲《红楼梦》。……这篇东西现在没有时间性质，等收到你的回信再寄给平鑫涛。上次向他讨还，只好再寄去，但是现在与《怨女》无关，他未必要登考据的东西，想告诉他如果《皇冠》不适用，转寄给你。"七月一日致夏志清："我本来不过是写《怨女》序提到《红楼梦》，因为兴趣关系，越写越长，喧宾夺主，结果只好光只写它，完全是个奢侈品，浪费无数的时间，叫苦不迭。"对此夏志清说："《怨女》中英本皆无作者序，想不到因为要在该书序里'提到《红楼梦》'才'越写越长'，终于写出一部《红楼梦魇》来。"他并不知道拟议中的那篇《怨女》序，原本是针对包括自己在内的几位批评家的。《红楼梦魇》于一九七七年八月由皇冠出版。

另有一事与此不无关系，张爱玲一九六四年十月十六日致夏志清："《金锁记》原文不在手边，但是九年前开始改写前曾经考虑翻译它，觉得无从着手，因为是多年前写的，看法不同，勉强不来。"其后应约将此篇译为中文，一九六六年七月八日致夏志清："上次写信匆促没提，你编的小说集，我想还是译《金锁记》，因为这故事搞来搞去有四分之一世纪之久，先后参看或有猎奇的兴趣。"一九六七年三月二十四日致夏志清："《金锁记》说实话译得极不满意，一开始就苦于没有十九世纪英文小说的笔调，达不出时代气氛。旧小说我只喜欢中国的，所以统未看过。你诧异我译得快，所以我说费了不少时候，并不快。"同日致宋淇："译《金锁记》非常倒胃口，这话不能对志清讲，仿佛我这人太不识好歹。总之'You Can't Go Home Again'［你再也回不到原来了］。"一九七六年五月二十日致宋淇："译《倾城之恋》，我想起前几年译《金锁记》，有些地方看了还是喜欢，有些地方就要'wince & alter or compress'［龇牙咧嘴并且改动或压缩］，所以志清不懂译文为什么 pace［速度］那么快。也许人的眼光像近视度数一样的要变，客气点就称为成长，but more likely it's just that time gives you perspective［不过更有可能的是，时间开阔了你的眼界］。"

宋淇曾撰文云："夏志清说，张爱玲移居美国十八年来，改写了一部长篇——《半生缘》，重写了一部中篇——《怨女》，我觉得《怨女》不如《金锁记》，创作欲显然衰退，这是很可憾惜的事。"（《文学与电影中间的补白》）夏氏这话讲在《色，戒》、《相见欢》和《浮花浪蕊》发表之前，《小团圆》、《同学少年都不贱》尚未写出，可以说尚不及见张爱玲最后一期小说的风格；但此前她发表作品较少，恐怕也不能一概归为"创作欲衰退"。如前所述，真正的问题在于，张爱玲的创作——包括英文创作——长期受到来自外界的各种各样的限制。《小团圆》、《同学少年都不贱》在其生前未能发表，情形或多或少也是如此。

张爱玲谈到《红楼梦魇》有云："我这人乏善足述，着重在'乏'字上，但是只要是真喜欢什么，确实什么都不管——也幸而我的兴趣范围不广。在已经'去日苦多'的时候，十年的工夫就这么撂了下去，不能不说是豪举。"（《〈红楼梦魇〉自序》）她回归中文写作后全新的作品，除几篇散文外，《红楼梦魇》乃是第一部。以后的《同学少年都不贱》和《对照记》都是中文新作。国语本《海上花》不能算，《小团圆》不能全算，《色，戒》、《相见欢》和《浮花浪蕊》也不能全算——三篇一九五〇年代均有英文初稿，虽然"此后屡经彻底改写"，已经面目全非。张爱玲说："这三个小故事都曾经使我震动，因而甘心一遍遍改写这么些年，甚至于想起来只想到最初获得材料的惊喜，与改写的历程，一点都不觉得这其间三十年的时间过去了。爱就是不问值得不值得。"（《惘然记》）这段话差不多可以移过去形容前面讲的从《金锁记》到 *The Rouge of the North* 之间的一切。

二〇二〇年九月五日

《小团圆》及其他

上

张爱玲的短篇小说《色，戒》、《浮花浪蕊》和《相见欢》分别于一九七八年一月、七月和十二月发表在《皇冠》杂志上，后收入一九八三年六月出版的《惘然记》。作者说，"这小说集里三篇近作其实都是一九五〇年间写的，不过此后屡经彻底改写"；论家遂云："从写作技巧上来看，这三篇作品可谓是接近于完美，……然而这毕竟是三十年前的作品，隐居之后的张爱玲，只是凭借三十年前的灵感来维系写作的乐趣。"张爱玲去世后，《同学少年都不贱》和《小团圆》陆续揭载，与《色，戒》等乃是同一时期所作，篇幅加起来几与通常视为其创作高峰的《传奇增订本》相埒，原先只看发表出来的三篇尚难把握的特色，现在也很鲜明，论家当初的判断不大站得住脚了。对于张爱玲来说，这是一个小说创作的完整时期，也是最后一个时期。不过这里不拟袭用萨义德的"晚期风格"说，因为他的原意是指艺术家或文学家在其生命临终时，作品和思想所显示的新的风格，这用来形容张爱玲的《对照记》以及未完成的《爱憎表》兴许更合适罢。

翻阅宋以朗编《纸短情长：张爱玲往来书信集Ⅰ》、《书不尽言：张爱玲往来书信集Ⅱ》可知，张爱玲一九七〇年代重新投入小说创作，与宋淇参与的一本杂志不无关系。宋淇一九七二年五月三十一日致张爱玲："今年秋天我可能主持一个月刊的编务，希望你身体好一点，能为我们写点文章。"同年九月十日信中复云："我大概会最近主编一本月刊，……你自己最近有什么作品可以发表也请一并告知。"张爱玲十月六日致宋淇夫妇："有个短篇小说刚大致改完，里面有碍语，Stephen［即宋淇］办的杂志想也销台。——本来避免，人物个性欠完整。

另有两篇想写的也都一样，这是我用英文写的原因之一。"这是她首次提到写小说的事，其时距《怨女》和《半生缘》出版已经过去三四年了。之前她接受水晶采访，也讲过"还有两个短篇，极待整理出来"，"她说，我现在写东西，完全是还债——还我欠下自己的债，因为从前自己曾经许下心愿"。（见水晶作《蝉——夜访张爱玲》）宋淇十二月十七日致张爱玲："我的杂志叫《文林》，广告句子为：'文章千古事，经冬犹绿林'。立场为中立，不谈政治，也不销台，你小说有碍语，绝无问题，《文林》如性质不合，可由我转交《明报月刊》，他们也不销台。"所谓"碍语"指为当时台湾政治环境所不容的文字与内容，例如宋淇曾就《色，戒》初稿云："这一篇东西台湾发表可能有问题，因为他们认为特务是不会心软变节的，可能 reflect on［影响］他们的工作人员。"（一九七五年一月九日致张爱玲）叶灵凤一九七三年一月十七日日记有云："灯下看新出的第二期《文林》，徒具花花绿绿的版面而已。"《叶灵凤日记》（三联书店（香港）有限公司二〇二〇年五月出版）注释云，《文林月刊》，星岛报业有限公司出版，一九七二年十二月创刊，一九七四年二月停刊，共出十五期，林以亮（即宋淇）任总编辑，后改任顾问。

张爱玲一九七三年十月三十一日致宋淇："几篇小说多数是现成的，只需要改写。那短篇《藤萝花谢》还有两个小地方要改，《文林》销海外，登在上面正合式。'Spy Ring'〔《色，戒》〕现在也找了出来，译出与原文一并寄来。"她再次用中文写小说，实际上是承继此前未成功的英文小说写作——《藤萝花谢》（即《相见欢》）、《色，戒》，还有下文说到的《浮花浪蕊》，一九五〇年代都写有英文初稿。一九七四年四月一日致宋淇："那篇《色，戒》（'Spy，Ring'）故事是你供给的，材料非常好，但是我隔了这些年重看，发现我有好几个地方没想妥，例如女主角口吻太像舞女妓女。虽然有了 perspective〔视角〕，一看就看出来不对，改起来却没那么容易。等改写完了译成英文的时候，又发现有个心理上的 gap〔疏漏〕没有交代，尽管不能多费笔墨在上面，也许不过加短短一段，也不能赶。另外那篇写中年表姊妹与表姐夫三人之间的关系，始终找不到浑成的题目，已经抄完了，又需要加上一段事。"

虽然此前宋淇已经来信说，"《文林》我已不负责实际上任何责任"（一九七三年九月七日），其后又说，"《文林》不幸买不到适当的纸张，加上亏本，早已停办了几个月了"（一九七四年五月二日），张爱玲的创作兴致却未受影响，且由此开始与宋淇长达三年多的有关《色，戒》的讨论，后者所贡献的意见主要在细节的真实性和情节的可能性上。张爱玲后来说："将来有一天出小说集，序里要把 Stephen 有关《色戒》的信都列入，我的信也要影印一份给我，可见这么个短篇，两个人 work on it ［忙乎］二十多年。"（一九七七年十月三十一日致宋淇夫妇）

张爱玲一九七四年五月十四日致宋淇："现在在写一个很长的中篇《小团圆》，材料大部分现成。"乃是首次提到《小团圆》，"材料大部分现成"指从前写过 The Fall of the Pagoda（《雷峰塔》）和 The Book of Change（《易经》）。同年六月九日致夏志清："前些时写了两个短篇小说，都需要添改，搁下来让它多 marinate ［浸泡］些时，先写一个很长的中篇或是短的长篇。"一九七五年七月十八日致宋淇："这两个月我一直在忙着写长篇小说《小团圆》，从前的稿子完全不能用。现在写了一半。这篇没有碍语。""从前的稿子"亦指那两部英文作品，——我曾以张爱玲未自行将《雷峰塔》和《易经》原样译成中文为憾事，看到"完全不能用"，才明白她从来不曾有此计划。同年八月八日致宋淇："《小团圆》越写越长，所以又没有一半了。"这小说最初的构思大约以现在所见前半部分为主，写作过程中又有所调整。九月十八日致宋淇："《小团圆》因为酝酿得实在久了，写得非常快，倒已经写完了。"九月二十四日致宋淇："我因为这篇难产多年的小说好容易写了出来，简直像生过一场病，不但更瘦得吓死人，也虚弱得可怕。因为血脉不流通，有时候一阵阵头昏，前两天在街头差点栽倒。——我非常注重健康，每天工作的时间也不长。——……还有更可笑的，因为常天天解决一个故事上的问题，这一向觉得时间特别长，日子过得特别慢。"一九七六年三月十四日致宋淇夫妇："《小团圆》刚填了页数，一算有十八万字（！），真是‘大团圆’了。是采用那篇奇长的《易经》一小部份——《私语○○○》中也提到，没举出书名——加上爱情故事——本来没有。"

最终张爱玲听从宋淇夫妇的意见，未将《小团圆》公之于众。此事的经过，包括双方种种修改的设想，俱载通信集中，不复赘述。要而言之，即如宋淇同年三月二十八日信中所云："大前提是 in its present form［以现在的样子］，此书恐怕不能发表或出版。……现在唯一的办法是改写，有两个 approach［建议］：（一）改写九莉，务使别人不能 identify［认出］她为爱玲为止。这一点做不到，因为等于全书重写。（二）改写邵之雍。这个可能性较大。……当然你在设计整本书的时候，有一个完整的统盘计划，即使极小的改动也会牵一发而动千钧。我不是超人，对写小说也没有经验，自知说起来容易，正式改起来，处处俱是问题。"他最后的结论是只可保留一个书名，另派他用："《小团圆》的问题我忽然想通了，我们都在钻牛角尖，硬要把玖玲［九莉］改造去牵就情节，等于把 square pegs fit with the round holes，中国人叫

143

'方枘圆凿'。现在书已写成了，硬要改动，不是人物个性前后不统一，就是人物配合不了情节，感情是真实的，故意抹盖起来，写成空泛，你自己很喜欢前一段，当然其中有不少你的笔触，可是文美却觉得与后文的关系可有可无，而且香港的战争已经给你在《倾城之恋》写绝了，读者心目中未必觉得会胜于前。所以我觉得不如放弃，至少暂时搁在一边，另起炉灶。……《小团圆》书名极好，是个喜剧名字，书名就可以叫座。我记得你的几个喜剧电影剧本都有你特别的幽默、俏皮之处，如《情场如战场》、《人财两得》，当然 plot［情节］有所本，但别人的 plot 一到你手里就会点铁成金，《半生缘》何尝不是借 Marquand［马宽德］的故事，没有人看得出来，经我道破之后也没有人指责。我想你不妨在这方面动一下脑筋。还有一个可能，抗战时很多人全家在内地，他带了点鹿茸精来上海做单帮，预算回去再带多少两来，可以买下一所大楼，结果迷上了一位女人，单帮也不做了，反而多了一个'沦陷夫人'，当然胜利后仍回到老妻怀抱中去。总之，我们应该把《小团圆》和现在写成的

小说分为两回事，才能打开这死结。"（一九七七年三月十四日致张爱玲）

宋淇一九七七年一月二十一日致张爱玲："我想等到你《红楼梦》告一段落后，可以 revive［重启］《色，戒》的讨论，这题目实在可以写，当它是一种 warm-up［热身］，然后才写《小团圆》。"张爱玲同年二月二十三日致宋淇夫妇："关于《小团圆》你们虑得极是。我还有几篇想写的，与这难题一比，也说不定相形之下都成了避风港。"四月七日致宋淇夫妇："在这创作的低潮时期，我觉得 motivation［动机］非常要紧，不是自己觉得非写不可的，敢包写出来谁也不喜欢。除了那中年表姊妹的故事还待改，还有回大陆逃妻难的故事——什么公务员、科长当然都改掉——Bette Davis *The Corn is Green*［贝蒂·戴维斯《锦绣前程》］片中饰反派村姑的女孩子在上海的异母姊的故事，等等，连《色，戒》有六七个，也够出小说集，不过时间上毫无把握，要等写起来看。"

张爱玲先后写出《色，戒》等三篇小说。一九七七年八月五日致宋淇夫妇："《色，戒》寄了来，又算错了邮票，欠资退回，所以耽搁了一星期，昨天才又寄出。"同年八月二十六日致宋淇夫妇："这篇《往事知多少》性质与《色戒》不同，写完了又搁了一个月，我想不会再接二连三寄改稿来。"一九七八年二月二十日致宋淇夫妇："《浮花浪蕊》里，我疑心讣闻上女婿不具名。如果是的，请代涂去'女婿'（p32 倒数 l. 4）。"《往事知多少》即前面提到的《藤萝花谢》，以后一再更换题目，作者自己先后想到的就有《话旧记》、《情之为物》、《话旧之情》、《她的过去》等，同年六月二十六日致宋淇夫妇："现在时间改了，表姊妹与夫妇俩都是战后久别重逢，《相见欢》用得上，也反衬出最后稍微有点不欢而散。"

张爱玲一九七八年四月二日致宋淇夫妇："我正在写另一篇小说。"同年四月二十三日致宋淇夫妇："这次寄来的一篇我觉得年青人较对胃口，不过为哪些人写，是一定要失望的，至少在我是如此。还是那句话：非不为也，不能也。"此即《同学少年都不贱》。五月二十六日致宋淇夫妇："《同学少年都不贱》我改了几处，但是发现这篇东西最大的毛病是赵珏像是对恩娟早已没有友谊了，而仍旧依赖她，太不使人同情。所以还是先搁着再说，不零零碎碎寄改写的几页来。"宋淇七月十九日致张爱玲："《同学少年都不贱》一篇请不要发表。……最近有人把余光中二十年来的诗作中挑选有色情色彩的句子（其实是 out of context ［断章取义］）串连起来，写出一篇：《这样一位诗人》，侮辱余为 pornographic ［色情］作家。你这篇其实很 innocent ［单纯］，可是如果给人以同样手法一写，对你极不利。同时，它又并不比前两篇好多少。"张爱玲八月八日致宋淇夫妇："《同学少年都不贱》本来已经搁开，没准备发表。"八月二十日致夏志清："《同学少年都不贱》这篇小说除了外界的阻力，我一寄出也就发现它本身毛病很大，已经搁开了。"该篇遂与《小团圆》一并束之高阁。

然而张爱玲并不甘心就此放弃《小团圆》。一九七八年十二月二十七日致宋淇夫妇："改写《小团圆》我终于想通了，照 Mae ［即邝文美］说的，只用头两章，但是这两章内母女间已经很僵，需要解释，所以酌用其余，太像《私语》的改掉，插入头两章的轮廓内。女主角考港大医科，程度差得太远，恶补一年，花了好些钱。本来在写的一篇故事性也较强，也先搁下了。"一九七九年二月十日致夏志清："我在改写长篇《小团圆》，写短篇小说又告一段落了。"同年二月十一日致宋淇夫妇："我在改写《小团圆》。我一直觉得我母亲如果一灵不昧，会宁愿写她，即使不加以美化，而不愿被遗忘。"七月二十一日致宋淇夫妇："《小团圆》（翻查几处，已经看出许多地方写得非常坏）女主角改学医，也是不善处世，不能替人做事，而死记的本事大，一个可能的出路——当时没什么 commercial arts［商业美术］可选。考港大与考英国大学都是同一个英国人监考兼代补习，一样贵。——上海最著名的医科是否震旦大学（用法文）与同济大学（德文）？——战后她回香港继续读下去，有个男同学也是战争耽误了学业，与她同是比别的学生大，因孤立而发生感情，但是医科时间长，终于夜长梦多。她母亲战后回国先到香港，最后一次小团圆。她父亲本来戒了吗啡，离婚后又打上了，缩小范围过极度孤独的生活，为了省钱改吸海洛因，overdose［用药过量］死了——白面纯否的程度不一，容易 O. D.［过量］——除了他女儿的老女佣，他只雇一个粗做女佣，大个子，抵得过一个男仆。她有个丈夫有时候来要钱去赌，打她。九莉的母亲一直认为她父亲有钱——其实不剩多少，不过他对这一点保密——但是死后一无所有，连老女佣存在他那里的钱都没有了——因此受刺激中风死了——当时老女佣到他异母兄（曾经侵吞他的遗产）与楚娣（his alienated daughter by his deceased first wife［他已故第一任妻子留下的关系疏远的女儿］处报信，双方到场互相猜疑，所以事后才因另一女仆鼻青眼肿，疑心到她丈夫身上，已经无法追查。毛病是如果失窃不太确定，就可能是钱用光了自杀，予人以混乱的感觉。我父亲在＇49 蒋经国打虎期间，把藏在沙发里的金条拿去兑现，怕搜出来充公。这还是＇38 左右，他曾经做金子，那是买空卖空。是否只有金磅银元，没有金条？现款一定有不少——难得出去，毒贩上门要付现——此外只是存折（凭图章领）、地契典质单据与股票（即使是别人拿去没用的，不懂的人也席卷而去）？就是这一个问题没想妥。……又，楚娣的母亲临终怕首饰又被大房侵占，交给她外婆代为保管，所以她有钱出洋，虽然她父亲反对。后来她继母蕊秋与她父亲离婚，她父亲因为她一直夹在他们中间，归罪于她，借了个藉口打了她，从此断绝来往。她与一个表侄恋爱，他父亲是个老留学生，银行经理——像大陆银行的中号银行；大陆是美商，可另有民营的，不是华侨的？华侨资本不会用'非广东人'作经理——被控盗用公款（一二十万？在三〇中叶是很大的数目），她投机代筹款归还亏空，官司得以私了。做投机时挪用蕊秋的存款，蚀掉了。她还有点首饰可以折变，一时卖不出价，'40才卖了，还了蕊秋（实生活中是三条弄堂，较近情理，但是因为兄妹关系改了父女，她没有分家分到房产）。两个问题都与钱有关，我最外行。……我想写的小说都是自以为是好材料，坏处全在我——达不出意思来。但是再不写真要失去创作欲（与力）了。"可知较之此前写的《小团圆》全然是新的构思，连人物关系都改变了。宋淇八月十九日致张爱玲："来信询及医科大学，问题是那时震旦、同济收不收女生？待考。圣约翰大学的医学院，程度不高，在同仁医院实习，就不收女生。倒是北京的协和，湖南的湘雅收女生，我认识不少女医生，出身自该两校，去港大借读或转读的可能性大，因为同是美国人办，都用英文。金子买空卖空，恐怕一向是用金条，此是国产，上海很多大金铺如杨庆和等，一向自铸自镕，每条十两。金磅与美国金元是所谓金四开，并不是投机筹码。外国现在的金块，是以 6 ounce［盎司］一块为单位的。"张爱玲十二月八日致宋淇夫妇："我给你们信上说忙着改《小团圆》，《海上花》先搁着，倒也不是推托的话，同时也不是为创作而创作。像 Mae 说的'午夜梦回'的时候，我耿耿于心的就是有些想写的美国背景的故事没写。好坏又是一回事，不过这点故事对于我是重要的。Dick McCarthy［迪克·麦卡锡］曾经说我写东西的好处在看法 unique［独特］，我觉得这种 uniqueness［独特性］西方能容纳，怪我这条路打不通，以致于多年挂在真空里，难免有迷失之感。前一向收到志清初看《海上花》的信，刚巧《小团圆》又顿住了写不下去，所以终于翻看《海上花》译稿，好容易又钻了进去，看出滋味来。"

张爱玲一九八〇年九月二十九日致宋淇夫妇："丘彦明来信说听 Stephen 说我写了个长篇《小团圆》，他们要，接连来信送书送茶叶，展开攻势。我预备回信告诉她这小说需要 structural changes［结构的变化］，几时能改写非常渺茫，等于没有这篇东西，以及如果改写了，皇冠有优先权的来由。"以后除了一九九〇年一月九日致宋淇夫妇信中提到一句："就连正在改写的《小团圆》也相当费事，改了又改，奇慢。"此外再也不见她提到改写《小团圆》事。——即使这句话，也不能确定是指继续改写小说《小团圆》，还是开始撰写散文《小团圆》。改写的小说《小团圆》不知道究竟写了多少，已写部分今亦不存。无论如何，张爱玲一生的小说创作，至此遂告终结。倒是尚有一些设想，其中以曹禺的故事为原型的《谢幕》似乎考虑得已较成熟，但到底没有写出来。至于一九九一年版《张爱玲全集》所预告的《小团圆》，系作者拟写的散文作品，与这部小说并无关系，只是听从宋淇夫妇当年建议，采用了那个题目而已。

　　顺便一说《小团圆》修改之事。张爱玲在将书稿寄给宋淇夫妇之前，曾花费半年工夫反复推敲。一九七五年九月十八日致宋淇："当然要多搁些天，预备改，不然又遗患无穷。"同年十月十六日致宋淇："《小团圆》好几处需要补写——小说不改，显然是从前的事了——我乘着写不出，懒散了好几天，马上不头昏了。"十二月二十一日致宋淇："《小团圆》还在补写，当然又是发现需要修补的地方越来越多。"一九七六年三月九日致夏志清："我年前正赶写《小团圆》忙昏了——此后在添改……"同年三月十八日致宋淇夫妇："昨天刚寄出《小团圆》，当晚就想起来两处需要添改，没办法，只好又在这里附寄来两页——每页两份——请代抽换原来的这两页。以后万一再有要改的，我直接寄给皇冠，言明来不及就算了。"然而宋淇读毕即予全盘否定，他所建议、张爱玲也一度考虑的，其实是推倒重来。张爱玲对《小团圆》也就未能如类似书信集中所载对《色，戒》、《相见欢》和《浮花浪蕊》那样再做进一步修订，以致有前引"翻查几处，已经看出许多地方写得非常坏"之语，对于她这样一位兢兢业业、力求完美的作者来说，诚为一件憾事。

《同学少年都不贱》同样如此。关于"进一步修改"且举一例，张爱玲一九八二年十月二十八日致邝文美："庄信正的书评简直认为《色戒》的女主角不可理解。我信上跟他解释了两句，小说上就又添写了一大段。他固然也不是细心的读者，我也容易犯说话不清楚的老毛病，写得不够了点。《相见欢》也添了许多。"同年七月五日致庄信正："《色，戒》的佳芝本来心理不正常，因为为了做特工牺牲了童贞，而同伙的同学对这一点的态度不好，给她很大的刺激。英文有句名言：'权势是一种春药'，我想也是 a love potion［一种爱情的迷药］。——应当添进去，多谢间接提醒我——她多少有点爱易，性方面也 OK。"可参看《色，戒》最终定稿相应部分。

张爱玲一九七四年五月十三日致庄信正："现在在写小说。我这样长期'三年不飞，三年不鸣'的下去，不用人提醒，自然也是心里一个结，忧煎更影响工作，成为 vicious circle［恶性循环］。我总极力给自己减轻压力，与人来往，也希望能让我暂时忘记这问题，像你们即使见了面不提，我也无法忘记，谈过以后又需要多花点时间松懈下来，才能够做事。如果常见面，过往的人问起我来，更害你难措辞，也更使我于心不安。"一九七八年八月八日致宋淇夫妇："我写东西总是长久不写之后就压缩，写得多了就松泛些，我想与没机会跟人谈话无关。事实是，与人的关系在我总是非常吃力，再加上现在精力不济，如果不是孤独，再活几十年也不会写出什么来。"两段话分别写在此番小说创作开始不久与接近结尾处，合而读之，令人不胜感慨。

下

回到《小团圆》，宋淇夫妇当初最关心的是盛九莉会被人视为张爱玲自己，邵之雍则是胡兰成，涉及小说写法的意见并不太多。而他们作为最早的、也是张爱玲生前仅有的两位读过这部作品的人，看法或许正与后来许多读者相同。张爱玲尽管曾说："我对自己写的东西从来不敢往理论上想，也是怕蜈蚣一旦知道怎样运用那些脚就不会走了。"（一九六八年六月二十六日致宋淇）通信中还是有些回应与解释，对于我们阅读此书以及了解作者这一时期的写作风格不无裨益。

宋淇一九七六年三月二十八日致张爱玲信中提到，"在读先前三分之一时，我有一个感觉，就是：第一、二章太乱，有点像点名簿"。张爱玲同年四月二十六日致宋淇夫妇："我也曾顾虑到头两章人太多，港战又是我从前写过的，连载没吸引力。这两章全为了'停考就行了，不用连老师都杀掉'这句话，Ferd［即赖雅］从前看了也说就是这一句好。他这一点刚巧跟我一样看法，也并不是文字上的知己。我对思想上最接近的人也不要求一致，or expect it［或有所期待］。这两章无法移后，只好让它去了。"所说可结合一九七五年九月十八日致宋淇信来看："我想我对《红楼梦》的看法跟你有点不同，因为我自己写小说，所以注重对白，认为这种地方是这本书的神髓。"以后张爱玲重提此事："头两章是必要的，因为是 key to her character［奠定她性格的关键］——高度的压力，极度的孤独（几乎炸死的消息没人可告诉）与 self-centeredness［以自我为中心］。港战写得很乏，但是这题材我不大管人家看着又是炒冷饭。"（一九七七年四月七日致宋淇夫妇）也就是说，"有点像点名簿"，正是表现九莉"极度的孤独"所要达到的效果；而"停考就行了，不用连老师都杀掉"这句对白，对于反映港战这一背景以及她因此所承受的"高度的压力"，起到了画龙点睛的作用。

张爱玲的回答，大概未必足以打消宋淇"太乱"的印象，后者同一信中还说："荒木那一段可以删除，根本没有作用。"其实张爱玲当初寄出书稿，就说："这篇小说时间上跳来跳去，你们看了一定头昏，我预备在单行本自序里解释为什么要这样。"（一九七六年三月十八日致宋淇夫妇）单行本自序未及写出，她留下的一个笔记簿中有两段可能与之相关的话："直到一两年前 realize［认识到］时间上必须跳来跳去，非我这保守性——∵ 1st 见（early' 50's［五十年代初期］）soviet［苏联］藏拙……）& later examples［和后来的例子］。""About flash-backs：most potent weapon when properly used, as in Marquand［关于闪回：使用得当则是最有力的武器，就像在马宽德笔下〕——有万乐齐鸣，万箭攒心之概。因为符 over-lapping of time & space〔时空重叠〕乃 strong medicine〔强效药〕如 mixture of drugs〔混合药剂〕。用得坏时只割裂（如《钢铁是怎样炼成的》?）cleverly hiding〔巧妙地隐藏〕空虚、假，浮面，公式……或（更坏）more repetition〔更多重复〕。即 repetition〔重复〕亦必须 show different perspective or facet, with added insight〔显示不同的视角或方面，增加洞察力〕。"（见冯晞乾作《张爱玲神秘的笔记簿》）

《小团圆》系由许多片断拼贴而成，它们的排列既不依时间先后顺序，也不具因果递进关系，此即"时间上跳来跳去"，而"闪回"是主要方式之一。各个片断之间的衔接，或彼此不无内在联系，或字面上略有过渡，或干脆跳接。从前引两段笔记看，作者显然对这种写法有过深入研究，清楚如何"使用得当"，避免"用得坏"。她对于传统小说必须具备的"情节"、"结构"之类有所质疑，力图打破这些桎梏，不再依照时间顺序与因果关系一桩事接着一桩事地讲故事了——读者如果还像读她既往的作品那样希望读到一个故事，抱怨"太乱"，抱怨某些部分"根本没有作用"，也就在所难免了。

张爱玲如此写法，还另从别处有所借鉴。一九七八年十一月二十六日致夏志清："《浮花浪蕊》是用社会小说的结构——当然需要 modified［调整］——写短篇小说的一个实验。"类似说法亦写进《恨然记》一文中。《谈看书》有云："社会小说这名称，似乎是二〇年代才有，是从《儒林外史》到《官场现形记》一脉相传下来的，内容看上去都是纪实，结构本来也就松散，散漫到一个地步，连主题上的统一性也不要了，也是一种自然的趋势。"《忆胡适之》则云："社会小说后来沦为黑幕小说，也许应当照 novel of manners 译为'生活方式小说'。"《小团圆》比《浮花浪蕊》结构更"散漫"，当然也在此类"实验"之列。传统小说的特色是内容的情景化，情节的逻辑化，以及人物形象的完整性，现在她将这一切都打破了。

发表于一九七四年的这篇"奇长"的《谈看书》，多少可以视为张爱玲这一时期小说创作的"夫子自道"，——在她的一篇《续集》序残稿中有这样的话：

"我写那篇《谈看书》，因为长久没写东西，不知道怎么，说来可笑，杂七杂八长篇大论讲人种学等等，乘读者昏昏欲睡，才偷偷的塞进两段我对文艺的信念，不然不好意思说。"该文讲的都是她读"纪录体"等"西方'非文艺'的书"的感想，从中所看到的长处，恰恰是她眼中纯文学作品的短处。文章有云："在西方近人有这句话：'一切好的文艺都是传记性的。'当然实事不过是原料，我是对创作苛求，而对原料非常爱好，并不是'尊重事实'，是偏嗜它特有的一种韵味，其实也就是人生味。而这种意境像植物一样娇嫩，移植得一个不对会死的。"又云："马克吐温说：'真实比小说还要奇怪，是因为小说只能用有限的几种可能性。'这话似是而非。可能性不多，是因为我们对这件事的内情知道得不多。任何情况都有许多因素在内，最熟悉内情的也至多知道几个因素，不熟悉的当然看法更简单，所以替别人出主意最容易。各种因素又常有时候互为因果，都可能'有变'，因此千变万化无法逆料。无穷尽的因果网，一团乱丝，但是牵一发而动全身，可以隐隐听见许多弦外之音齐鸣，觉得里面有深度阔度，觉得实在，我想这就是西谚所谓 the ring of truth——'事实的金石声'。"可以看出她对于"创作"或"小说"将一切都规范化，简单化，同时也表面化深致不满，相较之下，更喜欢"材料"或"真实"原本的复杂、多样与深刻。她要让自己的作品为读者提供更多的"可能性"。"牵一发而动全身，可以隐约听见许多弦外之音齐鸣，觉得里面有深度阔度，觉得实在"，近乎前引笔记所云"有万乐齐鸣，万箭攒心之概"、"显示不同的视角或方面，增加洞察力"，这正是她写《小团圆》所追求的艺术效果。

　　然而《小团圆》的"实验"并不限于"时间上跳来跳去"；更重要的是，"跳来跳去"的那些"片断"不是一个个具体时空关系下的完整情景，往往将不同时空里女主人公的念头以及人物的话语、动作拼接在一起，从而打破了当下的情景；即使这些都发生在同一时空里，也对内容做了明显的剪裁，情景也不完整了。决定如何取舍、拼接相关元素的，不是作者基于某种技巧或效果的考虑做出的安排，而是遵循九莉心理上的内在契机

——她的联想、回忆、想象等等，以及特殊的关注点，不过这些可循之迹多半都被隐去了。这是根据主人公的心理机制所建立的一种超越现实时空关系的新的时空关系。作为内心活动主体的九莉并非身处"当下"，小说开头不久有云，"九莉快三十岁的时候"，又云，"过三十岁生日那天"，将近结尾又云，"她三十岁了"——此书写于作者五十四至五十六岁，但设立了一个贴近主人公三十岁，大概在她与燕山分手后不久的受限的全知视点，驻足于此去回顾既往，以"这天"、"这次"、"此后"、"不久"、"从前"、"那时候"、"有一次"、"有一天"、"又一天"和"她记得"等牵头；偶尔也想到三十岁以后的事。也就是说，所有内容都是隔着两重时间距离去叙述的。这样一来，作者"身临其境"、"即情即景"明显被破坏了。然而不完整，不充分，或者说不切近，其实正是回忆通常的状态。但我们仍然可以藉此获取其中那些深刻有力的成分，而这正是这部小说震撼人心之处。

张爱玲的笔记簿上还有一句话："《小团圆》序：lead reader into［引导读者进入的］——not［不是］人未到过

的境界，而是人未道出的境界。so［所以］更需要传统化外表，vs.［而非］晦涩——故作高深。"依我之见，"人未道出的境界"既可以指"时间上跳来跳去"的整部作品，又可以指这些有着主人公心理契机的片断；而"人未到过的境界"既可以指那类惯常写法的小说，又可以指具体时空关系下的完整情景。

张爱玲一九七六年四月二十六日致宋淇夫妇："我不让姚宜瑛出《张看》，纯粹因为不愿意摆在水晶那本书旁边，可见我对它的意见。《小团圆》是主观的小说，有些visionary［想象的］地方都是纪实，不是编造出来的imagery［意象］。就连不动感情的时候我也有些突如其来的 ESP［超感知觉］似的印象，也告诉过 Mae。如果因为水晶这本书，把这些形象化了的——因为我是偏重视觉的人——强烈的印象不用进去，那才是受了他的影响了。那本书我只跳着看了两页，看不进去，要避忌也都无从避起。"特别强调"《小团圆》是主观的小说"，而不像水晶说的什么"象忧亦忧，象喜亦喜"，也许可以为我上面的话提供一点佐证。

《谈看书》有云："心理描写在过去较天真的时代只是三底门答尔的表白。此后大都是从作者的观点交代动机或思想背景，有时候流为演讲或发议论，因为经过整理，成为对外的，说服别人的，已经不是内心的本来面目。'意识流'正针对这种倾向，但是内心生活影沉沉的，是一动念，在脑子里一闪的时候最清楚，要找它的来龙去脉，就连一个短短的思想过程都难。记下来的不是大纲就是已经重新组织过。一连串半形成的思想是最飘忽的东西，跟不上，抓不住，要想模仿乔埃斯的神来之笔，往往套用些心理分析的皮毛。这并不是低估西方文艺，不过举出写内心容易犯的毛病。"这段话原本另有针对性，但由此亦可看出张爱玲对如何处理"主观"自有深入考虑，所以《小团圆》的写法，既不同于传统的"心理描写"，也不是"意识流"。"三底门答尔"是郁达夫对 sentimental 的音译，有伤感或多愁善感之意。张爱玲说："英文字典上又一解是'优雅的情感'，也就是冠冕堂皇、得体的情感。另一个解释是'感情丰富到令人作呕的程度'。近代沿用的习惯上似乎侧重这两个定义，含有一种暗示，这情感是文化的产物，不一定由衷，又往往加以夸张强调。"

　　张爱玲关于《相见欢》写过一篇《表姨细姨及其他》，其中说："我一向沿用旧小说的全知视点羼用在场人物视点。各个人的对话分段，这一段内有某人的对白或动作，如有感想就也是某人的，不必加'他想'或'她想'。这是现今各国通行的惯例。"这种写法，或许就是那则笔记所说的"所以更需要传统化外表，而非晦涩——故作高深"。然而这与"时间上跳来跳去"以及基于人物心理机制拼接片断非但不矛盾，反而相得益彰。小说中的视点有对外观察别人及环境，与对内观察自己两个方向。所谓"全知视点羼用在场人物视点"，就是同一时间只有一个人物拥有这种观察的权利。这其实是对全知视点加以严格限制，更接近于一种主观视点，由此而发生前述联想、回忆、想象等，并自有其关注之处；另一方面，在场人物视点本身也受到限制——某种程度上甚至比第一人称写法更受限制，全知视点对于这一在场人物还存在着一种审视关系。在《小团圆》中，这个在场人物是九莉；《浮花浪蕊》中是洛贞；《同学少年都不贱》中是赵珏；《色，戒》中先是王佳芝，后是易先生；《相见欢》中则在伍太太与苑梅之间不时转换。在这些作品中，视点的外向与内向观察是相互交替的，融合的——"各个人的对话分段，这一段内有某人的对白或动作，如有感想就也是某人的，不必加'他想'或'她想'"，就是一种融合。——附带说一句，"全知视点羼用在场人物视点"虽然接近一种主观视点，但比起第一人称写法给读者的印象相对客观一些，这里全知视点实际上分担了那个在场人物视点对于叙述内容的部分责任。

具体到《小团圆》的"主观"——九莉系以张爱玲自己为原型，小说又采用了九莉的视点——张爱玲一九七五年七月十八日致宋淇："我在《小团圆》里讲到自己也很不客气，这种地方总是自己来揭发的好。当然也并不是否定自己。"同年九月十八日致宋淇："这篇小说有些地方会使你与 Mae 替我窘笑。"也就是说，九莉既等同于作者，又不等同于她，作为在场人物，九莉时时处于作为叙述者的作者的审视之下，然而这审视与其说是评价，不如说始终保持一定的距离。

当宋淇夫妇读了《小团圆》之后，张爱玲对于自己这一想法阐释得更为清晰。宋淇一九七六年三月二十八日致张爱玲："我知道你在写作时想把九莉写成一个 unconventional［标新立异］的女人，这点并没有成功。只有少数读者也许会说她的不快乐的童年使她有这种行为和心理，可是大多数读者不会对她同情的，总之，是一个 unsympathetic［不招人喜欢］的人物。这是一。其次，这些事积在心中多少年来，总想一吐为快。to get it out of your system［让它脱离你的体系］。"张爱玲同年四月四日致宋淇夫妇："我写《小团圆》并不是为了发泄出气，我一直认为最好的材料是你最深知的材料。但是为了国家主义的制裁，一直没法写。……所以写这么长一篇东西不光是为了此时此地。……九莉 unsympathetic［不招人喜欢］，那是因为我相信人性的阴暗面，除非不往深处挖掘。要在共党治下我才写得出《十八春》。"四月二十二日致宋淇夫妇："在这里只能找 circumstances to fit the scenes & emotions［符合场合与情感的状况］。这是个热情故事，我想表达出爱情的万转千回，完全幻灭了之后也还有点什么东西在。"其实也可以说，她写的是一个女人将自己的所有情感消耗殆尽的故事。

这提示我们，尽管她所写的是"主观的小说"，"不是人未到过的境界，而是人未道出的境界"，但一切仍然是从对于人物原型的深切而充分的体验出发的，亦即俗话说的"把人物吃透"。可以说，来源还是现实主义的，呈现则是现代主义的。无论这个原型是作者自己，抑或不是自己。前者还可提到《浮花浪蕊》，张爱玲一九七八年八月二十日致夏志清："《浮花浪蕊》一次刊完。没有后文了。里面是有好些自传性材料，所以女主角脾气很像我。"后者则可举《往事知多少》即《相见欢》为例，一九七七年十月三十一日致宋淇夫妇："《往事知多少》的来源，是我在大陆的时候听见这两个密友谈话，一个自己循规蹈矩，却代这彩凤随鸦的不平得恨不得她红杏出墙，但是对她仅有的那点不像样的罗曼斯鄙夷冷漠，几个月后（'52春）她又念念不忘讲了一遍，一个忘了说过，一个忘了听见过。我在旁边几乎不能相信我的耳

168

朵——她们都不是健忘的人。——伍太太是实在憎恶这故事，从意识中排斥了出去，这一点似应设法达出。——伍太太二次反应相同，可见人与人之间的隔膜，我非常震动。伍太太并不是不关心外界，不过她们俩的交情根本是怀旧的，所以话题永远是过去，尤其是荀太太的过去，因为她知道她当年的 admirer［爱慕者］永远感到兴趣。"作者对于《色，戒》里的王佳芝，同样经过这么一番深切而充分的体验，虽然故事素材最初是宋淇提供的。且来举个例子，张爱玲一九七五年四月二十五日致宋淇："我现在看出《色，戒》的症结在她不应当带着戒指逃走——是我这样写，你从前并没提——因为她放他走是看他买那么大的钻戒给她，觉得他是真爱她；她带着戒指走，心理暧昧，仿佛不过是得钱买放。主题模糊了。不带走，就不用预付金条，比较 impromptu［即兴］。要不然，预定在品珍暗杀他，而他预先在品珍买下戒指，陪她去买手表的时候让她惊奇一下，似乎没有本来自然。临时顺便买，也更是豪举。宋淇同年五月八日致张爱玲："《色，戒》的一点你提得很对，这戒指是拿不得的，一拿女主角的人品、故事的力量完全削弱了。"
足以看出作者用心之精细周全。遂改为临时预订，戒指
留在店里。——顺便说一句，在李安据此改编的电影中，
王佳芝恰恰是戴着戒指逃走的，竟然让张、宋二人给说
着了。当然那时通信尚未公表，外人无从知晓。前引张
爱玲关于《同学少年都不贱》"这篇东西最大的毛病是赵
珏像是对恩娟早已没有友谊了，而仍旧依赖她，太不使
人同情"的自我批评，与此处所言相近，可惜未及修改。
可以看出，张爱玲这一时期小说风格虽然较既往变化很
大，但创作的动机与起始的那一阶段却与原先并无二致。
她把该保留的都保留了，想舍弃的都舍弃了。

宋淇一九七八年六月十一日致张爱玲："照目前情形
看来，读者仍停留于欣赏故事曲折有动作的小说。你最
近写微妙的心理状态和 episodic［碎片］的短篇，恐不易
讨好，下一册短篇集，至少还应有类似《色，戒》那样
的两三篇，否则销路或许会有问题。当然要你回到以前
《传奇》的时代是不可能的，但至少可以折衷，不要完全
像最近的三篇那样。"张爱玲同年六月二十六日致宋淇夫

妇："我想写的小说有两篇情节较传奇化，但是哪有像《色，戒》这样千载难逢的故事？写了也决计要多搁些时，一年半载不会有。"此前她也说过："《小团圆》情节复杂，很有戏剧性，full of shocks［充满惊人事件］，是个爱情故事，不是打笔墨官司的白皮书，里面对胡兰成的憎笑也没像后来那样。"（一九七六年一月二十五日致宋淇）张爱玲这批小说，不仅仍然存在人物形象，同时也有情节框架，只是不按传统写法那样写出来就是了。或许这也可以归入"所以更需要传统化外表，而非晦涩——故作高深"。《相见欢》、《浮花浪蕊》和《同学少年都不贱》中，也各有一个或一个以上潜在的"故事"。

宋淇一九七六年七月七日致张爱玲："我一直忘了告诉你，《小团圆》的前一段讲香港那部份，虽然故事与'戏肉'无关，但其中有不少属于张爱玲笔触的句子，到了后来，一入戏，严肃起来，就没有了，这也是一个没有统一的表现，如果能 keep on［继续］同样的方式，未必不是一种 saving grace［补偿的办法］。""张爱玲笔触"亦即论家所谓"兀自燃烧的句子"，显然也在作者舍弃之列，假如她进一步修改《小团圆》，也许会据此删去前两章中的此类文字罢。

总括来说，此时张爱玲的小说观已彻底改变，她不再接受包括自己此前的作品在内的那种传统写法了，这一时期的作品正是观念转变的结果。回顾其整个创作历程，如果各加名目，大概从《沉香屑 第一炉香》到《郁金香》，是现实主义前期；从《多少恨》到《小艾》，是大众小说或通俗小说时期；从《秧歌》到《怨女》，是现实主义后期；晚年这五篇，可以说是现代主义时期。相比之下，只有第一时期她的才华得到比较充分的展现，这是张爱玲的，也是我们的遗憾。

宋淇一九七七年十月十六日致张爱玲："《往事知多少》是你作品中最令人莫测高深的一篇，我看了两遍，觉得平淡到极点，可能是你在求异，摆脱从前的绚词丽句和所谓张爱玲笔触。"一九七八年三月八日致张爱玲："《浮〔花浪蕊〕》写得平淡中见功力，我倒是很喜欢，在你的作品中另具一格，年青人反正不会喜欢的。"同年四月二日致张爱玲："你现在走的好像是绚烂之极，归于平淡，恐怕不容易吸引青年读者。这样写下去说不定会变成 the writers' writer［作家中的作家］，犹如中国人中年以后才能欣赏陶渊明，近十年来我才能欣赏 T. S. Eliot［T. S. 艾略特］的 4 *Quartets*［《四个四重奏》］一样。"张爱玲四月二十三日致宋淇夫妇："'平淡而近自然'一直是我的一个标准。写《半生缘》的时候，桑弧就说我现在写得淡得使人没有印象。"

张爱玲在《谈看书》中说："含蓄最大的功能是让读者自己下结论，像密点印象派图画，整幅只用红蓝黄三原色密点，留给读者的眼睛去拌和，特别鲜亮有光彩。……此外这一派无论画的房屋街道，都有'当前'（im-mediacy）的感觉。我想除了因为颜色是现拌的，特别新鲜，还有我们自己眼睛刚做了这搅拌的工作，所以产生一种错觉，恍惚是刚发生的事。看书也是一样，自己体会出来的书中情事格外生动，没有古今中外的间隔。"在《表姨细姨及其他》中也说："'意在言外''一说便俗'的传统也是失传了，我们不习惯看字里行间的夹缝文章。而从另一方面说来，夹缝文章并不是打谜。"她这一时期的小说的写法与风格，其实更有赖于读者的参与，契合，共鸣，才能达到她预期的效果。而一九七九年九月四日致宋淇夫妇信中所云，可以看作一个反面的例子："亦舒骂《相见欢》，其实水晶已经屡次来信批评《浮花浪蕊》《相见欢》《表姨细姨及其他》，虽然措辞较客气，也是恨不得我快点死掉，免得破坏 image［形象］。这些人是我的一点老本，也是个包袱，只好背着，不过这次带累 Stephen。中国人对老的观念太落后，尤其是想取而代之的后辈文人。……中国人的小说观，我觉得都坏在百廿回《红楼梦》太普及，以致于经过五四迄今，中国人最理想的小说是传奇化的情节（续书的）加上有真实感的细节（原著的）。"

不妨提一下我的批评观。未必要以一位作家的是非为是非，但至少得明白人家为自己所选定的是什么方向；可以探讨的是在这方向上究竟完成了多少，也就是"可能性的可能性"，而不应为其写作另定方向，另设前提，否则就是求马唐肆，这样的批评说来没有什么意义。

二○二○年九月三十日，时逢张爱玲百岁冥诞关于"晚期风格"

"'才尽'也就随他们去说好了，先要过了自己
这一关。"

　　　　　　——张爱玲一九九〇年一月九日致宋淇夫妇

　　张爱玲一九八九年九月三日致信宋淇夫妇云："几篇
短文只改完了一篇，……姑且先寄了来，只为了自己想
突破写不出东西的瓶颈。"该文即《草炉饼》，同年九月
二十五日发表于《联合报》副刊。此前她曾陷入"人虫
大战"，不断搬迁住处，非但时光都荒废了，还有重大损
失，见一九八六年十二月二十九日致宋淇夫妇信："检点
东西的时候，发现《海上花》译稿只剩初稿，许多重复，
四十回后全无。定稿全部丢失，除了回目与英文短序。

一下子震得我魂飞魄散，脚都软了。本来高高的一叠定稿一直看着担心，想送去复印，常去的一家关了门，另两家页数多了就每次漏印两页。要分好些次送去，耽搁了。后来在Serrano［塞拉诺］许多built-in［内置］的橱柜内藏来藏去防fleas［跳蚤］。恐怕离开Serrano后就已经没有了，一直疑心不全。写这封信实在painful［痛苦］。"张爱玲翻译《海上花列传》始于一九六七年，是晚年的一项主要工作，以后她再也未能重新完成这份定稿。宋淇一九八四年七月五日致张爱玲："邵氏公司方面有电话来，制片部预备为这部戏上映而出一本特刊，希望你能为这本特刊写一篇文章。"张爱玲同年七月十七日致宋淇夫妇："匆匆寄这篇短文来，过天再写信。"整整五年半多，她只写了这么一篇三百字的《回顾〈倾城之恋〉》，一九八四年八月三日在《明报》登载。

在此期间，唐文标主编的《张爱玲资料大全集》于一九八四年六月由时报文化出版事业有限公司出版，其中影印了张爱玲不少旧作，包括向未收入集子的《散戏》、《中国人的宗教》、《"卷首玉照"及其他》、《双声》、《气短情长及其他》、《我看苏青》和《华丽缘》等；张爱玲另一篇旧作《小艾》经陈子善发现，亦重刊于《明报月刊》一九八七年第一期。为应对"盗印"计，皇冠出版社相继推出张爱玲著《余韵》（一九八七年五月）和《续集》（一九八八年二月）二书，编辑之事均由宋淇等人代劳。《余韵》所收《小艾》系委托皇冠编辑陈礫华代为删改；《续集》卷首那篇《自序》，除开头一段——"书名'续集'，是继续写下去的意思。虽然也并没有停止过，近年来写得少，刊出后常有人没看见，以为我搁笔了"——截取自张爱玲过去一篇残稿外，其余部分皆为宋淇代笔。

《草炉饼》之后，张爱玲又有《〈草炉饼〉后记》和《'嗄?'?》二文，分别于一九九〇年一月二十日和二月九日在《联合报》副刊上发表。身后面世的《一九八八至——?》，大约也写在同一时期。此前她一再表示："目前就想写点东西，等仓库问题解决了，再把《海上花》译文整理出来，不想写考据。"（一九八八年十二月二十七日致宋淇夫妇）、"我想我们都应当珍惜剩下的这点时间，我一天写不出东西就一天生活没上轨道。"（一九八九年三月六日致宋淇夫妇），现在终于开始了一生最后一个写作时期，——袭用一句讲得滥俗的话：留给她的时间不多了。

关于《'嗄?'?》不妨趁便略说几句。一九八九年五月二十日至三十日，《联合报》副刊连载署名张爱玲的电影剧本《太太万岁》。张爱玲同年六月二十九日致宋淇："《太太万岁》对白本经影片公司抄手滥改脱落。"《'嗄?'?》中亦云："在《联合报》副刊上看到我的旧作电影剧本《太太万岁》，是对白本。我当时没见过这油印本，直到现在才发现影片公司的抄手代改了好些语助词。最触目的是许多本来一个都没有的'嗄'字。"这里显然有个误会：该剧本系"由香港科技大学郑树森教授根据电影上映本整理还原"（陈子善《〈沉香〉编后记》），并非出自"影片公司的抄手"的"对白本"，也根本没有"油印本"存在。张爱玲说："对白本一切从简，本就要求读者付出太多的心力，去揣摩想象略掉的动作表情与场景。哪还禁得起再乱用语助词，又有整句整段漏抄的，

180

常使人看了似懂非懂。在我看来实在有点伤心惨目，不然也不值得加上这么些个说明。"诸如此类的问题，实在应该由整理者负责。后来列为"张爱玲全集18"的《沉香》（皇冠文化出版有限公司二〇〇五年九月出版）所收另一部电影剧本《不了情》，也是用同样办法"整理还原"的。不过我们知道，在一部电影的拍摄过程中起决定作用的是导演，即便是对白，演员表演时也会由导演安排有所增减改动，不可能逐字逐句照念剧本。是以根据上映的片子"整理"，并无从"还原"编剧的原作。前几年上海某收藏家曾展示张爱玲《太太万岁》手稿，计一百三十多张纸，二百多页，四十二场戏，上有大量修改字样，有些是别人的笔迹。如果得以整理出版，倒是一部她的"佚著"。

在张爱玲最后这一个写作时期，其如萨义德所谓"晚期风格"有两个可能的方向，落到实处即"虚构"与"非虚构"是也。宋淇一九八八年三月八日致张爱玲："……尤其是你现在生活正常，如不断有新作品问世（最好除了写大陆的散文外，再写几个短篇，将来另写中篇或长篇，这才是你真正的 métier［长处］，仗以成名和畅销的工具。），我想绝对没有问题。"自从《小团圆》和《同学少年都不贱》被搁置以后，张爱玲一直没再写过小说。两人一度重新讨论她曾经打算写的以曹禺的故事为原型的《谢幕》，但随即不了了之。张爱玲一九九〇年一月九日致宋淇夫妇："想写的两三篇小说都还缺少一点什么。等到写出来也与出全集无关了。"同年二月十五日致宋淇夫妇："我一直想写一个中篇小说《美男子》，好两年了，有一处没想妥，先把两篇散文写出来再说。"宋淇三月十八日致张爱玲："我建议你应把《美男子》当作下一步骤的重点，这并不是说下一篇就是它，而是努力把它想通，算是一个'节骨眼儿'好了，设法解决或克服它，甚至避重就轻也可以。这篇小说一发表，立刻会有一高潮，因为题目通俗而讨好，可以在《皇冠》和《联副》同时刊出，必可轰动，出版商和读者对你发生兴趣，信心更不在话下。散文只不过是'吊嗓子'而已，不是正式开腔唱戏。如果再多写几篇散文，又可以出一本：《美男子及其他》集子了。"

张爱玲最后计划写的小说中，唯一留下题目并与宋淇具体讨论过内容的就是这篇《美男子》。她四月二十二日致宋淇夫妇："《美男子》内，台湾来美的一对夫妇，北方人，自嘲'两人都是加大毕业的，结果开超级市场！'我想他们读最容易的一科如社会学——企管也不太难？毕业后再读博士以便居留（'60 年间）？不是加大也是东岸或中西部名大学。此后夫妇都工作（商行之类。如读社会学干本行只能做 social worker［社工］或教书?），但是觉得为人作嫁没前途，还是自己开店。家境相当好。在 LA 盘下这爿店的时候，儿女都大了，儿子读医，女儿进私立学校（贵族化女校？天主教学校？虽然他们不信教）也许也已经在别处开过超级市场。这些背景只需要提一声。请等下次来信再告诉我，不忙。"四月三十日致宋淇夫妇："关于《美男子》我想问的有一点是六〇年间毕了业不读博士，有职业就可以在美居留?"宋淇五月一日致张爱玲："《美男子》两主角最好读 Business Administration：Professional（applied）工商管理（不是企业管理），社会学并不像你说那么容易，社会工作另有 social work［社工］系，属于 professional（applied）［应用专业］的学科，而社会学是 pure［纯］学术，另一部份现已分出去为 anthropology 人类学 考古学。B. A. 毕业生开超级市场，好像有点大材小用，带有 irony［讽刺的］味道。……比较起来似乎以 Berkeley［加州大学伯克利分校］、Wharton［宾州大学沃顿商学院］、Harvard［哈佛商学院］（你住过 Boston［波士顿］）最合适。读什么课程，……你先将二人主修那一系告诉我，然后我可以将该系的课程说明影印寄给你。又，我们学院的教员十九都是 MBA，然后是 Ph. D.，B. A. 很少有博士的，只有一位教员是 Indiana［印第安纳］大学的 DBA，BA 的博士。在美国这一行的天之骄子往往是大学的 Engineering［工程学］学士，入得厂，然后是 MBA，然后再读 Law［法律］（要三至四年），因为美国做生意十九牵涉到法律问题。如有以上三学位，比博士还吃香得多。五十年代我姊姊和姊夫在三藩市开了一家小型 store［商店］，苦不堪言，因为用不起工人，manual labor［体力劳动］就把他们折磨得死去活来，不用说别的，把一纸箱牛奶或 coffee［咖啡] 从门外搬到架子上去就要你好看。做了几个月，勉强把自己的膳宿赚出来，后来以贱价让掉了。现在当然不同，超级市场大概用飞机场装行李的推车，轻便得多。六十年代或许已有电计算机，未必有 personal computer [个人电脑]，较之五十年代不可同日而语。"五月十七日致张爱玲："你所问的在美居留问题，有职业要看雇用你的公司，如果是有名的大机构，认为需要你，只要出面申请，无有不准。如是小公司、小厂，尤其中国人自己办的，就不能算数。有了博士，那时多数留下来任教，居留不成问题。"张爱玲六月六日致宋淇夫妇："美男子被许多作明星梦来 LA 的少女看中，小说写他离婚经过与离后情形。过去的学历只略提一笔。他们夫妇同乡，同选一科最容易的，能读博士的，与以后的职业也许也无关。不是专门人才，大公司不会任用，一个在美国人开的小商行，一个是华人开的（什么生意?）。还没动手写，绝对来不及了，越是想赶越是没有。……忘了说美男子的超级市场就是他们夫妇俩，周末子女来帮忙。后来才雇了个人帮卸货等等。他们是山东人，也许比 Stephen

［宋淇］妹妹妹夫力气大。"宋淇六月三十日致张爱玲："忽然想出来，《美男子》两位主角，可以读教育，最容易读，博士名称为 ED. D.，不是 PH. D.，专为美国人而设，凡美国中学教员非有 ED. D. 的头衔不可，读的学校另有 Teacher's College［师范学院］，以别于文、理、工、医等学院。最有名的是 Columbia［哥伦比亚］的 Teacher's College（其实是中国人的教育或师范学院），我认识该校两位博士，英文都不通。美国各州立大学都有这科，目的在为本州中学训练师资。二人读了 ED. D.，在美国是找不到事的，美国中学几时轮到结结巴巴的中国人来教？听起来都是博士，注定学非所用。"此后却不再见张爱玲谈及构思这篇小说的事。

宋淇一九九一年八月三十一日致张爱玲："住的问题解决，我告诉了你最近财政状况，应该使你心理轻松不少，不必为了杀虫的事再浪费时间，大可乘现在把心中酝酿多时已久的短篇小说写出来，还可有几年风光。说老实话，你的作品自 1976《张看》以来，《惘然记》、《海上花》、《续集》、《余韵》都是利用出土的旧作，拼凑而成，那时后来你正为‘扪虱’弄得走头［投］无路，如果再不振作一番，就此萎谢，not with a bang, but with a whimper［不是嘭的一响，而是嘘的一声］，太可惜了。你并没有‘江娘才尽’，现在正是重振你说故事的人的地位的良机。你的《小说集》是‘王牌’，但《秧歌》、《赤地》、《半生缘》销售都上佳，因为是 fiction［小说］，《私语［流言］》是第一本散文集，销路也不错。《张看》已经很勉强，其余更自桧［邻］以下，《续集》又拿《五四遗事》（先见《惘然集［记］》）重登一遍，真是急形急状之至，无怪读者都避之若浼了。《海上花》是花了不少心血的，这本书可惜只有少数人能欣赏。严格说起来，最后几本书完全仗你前作的余威，不应该出，但总不能一片空白。《对照集［记］》可能吸引一部份‘看张’的人，但又是旁门左道，不像成大器的样子。原则是只要是小说，而且带点老派的讲情节的故事。你的散文近年来也只有《谈吃》是力作，放在《续集》中也起不了作用。其实，中西文坛没有人是以写散文传世的，有之，则要到英国十九世纪和晚明小品作家中去找了。

样］，大家都已认你为作家中的作家，多年来就是没有新书出版，销路始终可以维持水准以上。所以他们打算重新排过，出全新的版本，开本比目前稍大，这样一来，投资相当浩大，远比不上坐吃现有的版本，希望在版权上有新的协议，使他们有保障。"一九八九年十二月三日致张爱玲："皇冠想出你的全集，到现在为止只有十册，琼瑶是 44 册，连於梨华都有十数册，你到现在为止的十册虽是 double digit ［两位数］，未免寒酸一点，所以动脑筋动到电影剧本上去。"张爱玲一九九〇年四月二十二日致宋淇夫妇："以前刘绍铭编英文小说选集，志清代向我借用一张照片。我用胶带封在照相馆用的硬纸夹内寄去，告诉他只此一张，请叫他们特别当心。后来志清寄还给我，没用硬纸夹，装在太小的大信封里，塞得太紧，许多皱裂痕，我非常痛心。有些照片当时拍了就都说不像我。也可以看出没怎么化妆，是角度问题。反正是我珍视的我的一部份。出全集可以登个'回顾展'，从四岁起，加上 notes ［笔记］，藉此保存，不然迟早全没了。过天去仓库拿了寄来，你们看附在哪本书上，也许有助销路。"她写《对照记》的念头，也就藉此萌生。而在书中选用自家照片，还可追溯到更早她起手编集《续集》的时候："《重访边城》很长，倒不是凑字数，也觉得扯得太远，去掉一部份，但是就浅薄得多，还是要放回去。现在又搁下了。……《重访》文内提起往事，又有《卷首玉照及其他》（几篇勉强能用的旧作不收进去白送了盗印者，由别人代出也不成话），所以预备插入几页老照片，从四岁起。"（一九八三年十月十日致宋淇夫妇）

张爱玲一九九〇年六月六日致宋淇夫妇："去仓库取回老照片，发现一张 1955 来美入境证，意外之喜。真是查不出入籍纪录，至少可以重新申请入籍。照片很多——以前寄来的一张不预备用——这 section［部分］可以叫'老照相簿'。附注有繁有简，成为一篇'对影散记'——或'对照记'？正在写。"宋淇同年六月三十日致张爱玲："信中说找到照片，很为你高兴。《对照记》的名字似比《对影散记》好（'散记'给沈从文的《湘行散记》用掉了）。同《美男子》都值得写，慢慢来好了，不必性急，到了我们这 age group［年龄段］，一切都

191

要慢半拍。"张爱玲八月二日致宋淇夫妇："我一直在赶写这篇《对照记》，……这次挂号寄来四包照片，最小的一包是我母亲的一张，因为破损（见 memo［备忘录］第一段），很难包装，最好原封转寄去，不用拆看了，省点事。这张大部份是房屋外景，剪掉一截没关系，我没剪，让他们美工部剪比较好。照片太多，插入书内又会太厚，只能出单行本，就叫《对照记》。台湾报上登过李香兰的自传，似乎在台湾已经平反了。如果提起她还是招骂，也就随它去了。"宋淇八月十四日致张爱玲："昨日收到航空挂号寄来大小四只信封，里面全是旧照片，因信封是特制的，经拆开检视后，内容完整无损。……写到这里邮差送来你八月二日写就、八月九日寄出的信和《对照记》，比照相迟了一天。"至此《对照记》已经交稿，并设想印成"单行本"。八月十六日张爱玲致宋淇夫妇："书名我想改为《张爱玲面面观》。"宋淇一九九〇年九月八日致张爱玲信附前一日致陈皪华信，其中有云："告诉你一个好消息，张爱玲最近完成了一本书，原名《对照记》，现改名《张爱玲面面观》，计照片五十四帧，每帧均有说明，有些只是讲人物、地点、时间的简单说明，有些长达数百至千字以上，等于是小品文，格调似《流言》，张爱玲笔触到处可见。最可珍贵的是那些照片，文美和我见到那时的照片也不算少，但绝无如此洋洋大观的一套，其中服装、道具、背景、气氛另有历史价值，何况人物是爱玲的父亲、母亲、姑姑、自己、弟弟，仿佛从书中走了出来。文字约共二万字。我现在先要自己细读一遍，代她再校阅一过，然后等她有无更改，大如书名，小如内容（已经来了第一批，撤换四张稿纸），再行寄上。"此后张爱玲仍有增补修改，但该书至此已大抵完成。张爱玲说："以上照片收集在这里唯一的取舍标准是怕不怕丢失，当然杂乱无章。附记也零乱散漫，但是也许在乱纹中可以依稀看得出一个自画像来。"夏志清批评道："《对照记——看老照相簿》上半本人多很热闹，下半本都是张爱玲的独照，看来好孤单。其实她同李香兰非亲非友，二人的合照实无必要放在书内的。张爱玲离开大陆后，宋淇夫妇才是为她出力最多的至交，也是她遗嘱的执行人，《对照记》上若刊印了他俩的照片，正好给她机会向二友好好表示感谢，而她并未这样做，我觉得好奇怪。书里不刊胡兰成的相片，情有可原。但赖雅的相片一张也不登，假如真如司马新所肯定，他是'她一生中唯一如此爱她，关心她的人'，也更是奇怪。很可能在他去世二十多年之后，她对他的感情变得淡薄了，觉得即在当年，他的才华就不高，年龄也太大，配不上她。或者因为下嫁洋人，本身就是件难为情的事，不要读者们知道。"（《〈张爱玲与赖雅〉序》）揣想《对照记》内容的取舍，未必如张爱玲所谓"怕不怕丢失"那么简单，其中涉及不愿或不必公表诸种情况，但她却无意多讲，只是一语带过；夏志清囿于常人——而且还是那路"热闹人"——之情难免隔膜，才会"觉得好奇怪"，乃至"更是奇怪"，实非解人之言。

由《对照记》所开启的张爱玲的"晚期风格"，再次退回到有关自己身世与经历的追忆之中——加上下面要谈的《爱憎表》与散文《小团圆》就更加明显，似乎是此前所著 The Fall of the Pagoda（《雷峰塔》）、The Book of Change（《易经》）和小说《小团圆》的余响。不过这次她写的不是虚构作品，而是非虚构作品，从某种意义上讲，近乎为那几部小说写"本事"。然而她再也没有机会从这种追忆中走出来了。

张爱玲一九九〇年八月十六日致宋淇夫妇："《中国时报》转载校刊上我最讨厌的一篇英文作文，一看都没看就扔了，但是《爱憎表》上填的最喜欢爱德华八世，需要解释是因为辛泼森夫人与我母亲同是离婚妇。预备再写段后记加在书末，过天寄来。"《中国时报》转载《明报月刊》一九九〇年七月号刊出的陈子善《雏凤新声——新发现的张爱玲"少作"》一文有云："该期〔指《凤藻》一九三七年年刊〕的中文部还有一个'学生活动记录，关于高三'专栏，其中刊出一项题为'一碗什锦豆瓣汤'的专题调查结果。所谓'豆瓣'，是对三十五位毕业生的爱称。这项调查提出六个测验'豆瓣性格'的问题，分别由每位'豆瓣'用一句话作答。"此即张爱玲所谓"爱憎表"。她一九九〇年十月二十一日致宋淇夫妇："现在先写一篇《填过一张爱憎表》，很长，附录在《面面观》末。"十二月二十三日致宋淇夫妇："搁了些时没写的长文（暂名《爱憎表》）把《小团圆》内有些早年材料用进去，与照片无关。作为附录有点尾大不掉，我想书名还是用《张爱玲面面观》，较能涵盖一切。"此后便不复提及《爱憎表》了。一九九一年一月十八日致宋淇夫妇："《张爱玲短篇小说集》书名现在又改回来了，这本新书再叫《张爱玲面面观》确是太自我膨胀，使人起反感，还是恢复原名《对照记》。"《爱憎表》仅存未完成的草稿，经冯睎乾整理，二〇一六年七月发表于《INK》第十二卷第十一期。其中引言与"最怕死"、"最恨有天才的女孩太早结婚"两节较完整，此外部分则残缺零碎，据引言可知，尚拟写"最喜欢爱德华八世"和"最爱吃叉烧炒饭"。文章写得细腻，舒徐，不同于当年《雷峰塔》"里面的母亲和姑母是儿童的观点看来，太理想化，欠真实"（一九六四年五月六日致宋淇夫妇），乃是站在当下立场回忆往事。

此前宋淇曾长期是张爱玲写作的积极参与者，然而现在他病了。宋淇一九九一年一月二日致张爱玲："今天早上我约了皇冠的代表麦成辉君前来，当面交代图和文。……

我入医院后不知何时才能出院，请你直接和皇冠陈皪华通信，我无从插手而且也无能为力。以后要管也管不了。"同年二月四日致张爱玲："有关书名和《对照记》的事，请你自己和皇冠联系，因自生病以来，外事一概不闻问，这是第一封信。"及至一九九二年八月二十日，邝文美更同时致信张爱玲与陈皪华："外子宋淇目前患充血性心脏衰竭，遵医嘱静养，不再闻问外事。张爱玲女士有信及祝贺皇冠四十周年特稿亦不敢惊动。兹代转来稿，以后恳请两位直接通讯联系，以免延误，切盼体谅是幸。"此后他们的通信——邝文美更多替代宋淇成为其中一方——涉及张爱玲写作之事多有缺漏，相关来龙去脉也就难以厘清。我读宋以朗编《纸短情长：张爱玲往来书信集Ⅰ》、《书不尽言：张爱玲往来书信集Ⅱ》，觉得遗憾的是未将现存张、宋二人与皇冠平鑫涛、陈皪华、方丽婉等人的通信全数附录于后，——假如这部分内容够多，甚至应该单独整理出版。尽管如平鑫涛所说："张爱玲的生活朴素，写来的信也是简单至极，为了不增加她的困扰，我写过去的信亦是三言两语，电报一般，连客套的问候都没有，真正是'君子之交淡如水'。"（彭树君《瑰美的传奇，永恒的停格——访平鑫涛谈张爱玲著作出版》）但是对于完整了解张爱玲的写作史，恐怕仍为不可或缺的材料。

张爱玲一九九一年五月二十七日致宋淇夫妇的信中，提到她告诉皇冠编辑方丽婉，"只要求全集内原稿部份（两篇自序、《对照记》书中两篇长文）让我自校一遍"。同年七月，皇冠开始陆续出版《张爱玲全集》。每册前勒口印有"张爱玲的作品"，计十五种，最后是"15 小团圆"，而《对照记》不在其列。这里说的《小团圆》不是原来那部小说，而是以此为题目写的散文。此前，张爱玲一九九〇年一月九日致宋淇夫妇："就连正在改写的《小团圆》也相当费事，改了又改，奇慢。"假如是指散文《小团圆》的话，那么开始写作此篇尚在《爱憎表》乃至《对照记》之前。

张爱玲一九九一年八月三日致庄信正："每次搬家总要丢掉点最怕丢的东西——这次是正在写的一大卷稿子，因为怕压皱，与一包原封未拆的新被单放在一起。小搬场公司的人偷被单一并拿了去，连同地址簿等等。"同年八月十三日致宋淇夫妇："我每次搬家都要丢掉点要紧东西，因为太累了没脑子。这次是写了一半的长文，怕压皱了包在原封未启的一条新被单一起，被小搬场公司的人偷新货品一并拿走了，连同住址簿。只好凭记忆再写出来，反正本来要改。《对照记》一文作为自传性文字太浮浅。我是竹节运，幼年四年一期，全凭我母亲的去来分界。四期后又有五年的一期，期末港战归来与我姑姑团聚作结。几度小团圆，我想正在写的这篇长文与书名就都叫《小团圆》。全书原名《对照记》我一直觉得 uneasy［拘束］，仿佛不够生意眼。这里写我母亲比较 soft-focus［委婉］。我想她 rather this than be forgotten［不愿忘记这些］。她自己也一直想写她的生平。这篇东西仍旧用《爱憎表》的格局，轻松的散文体裁，剪裁较易。"十月十二日致庄信正："搬家后忙着添置东西，因为全扔了，灯都没有，非常不便，所以一个多星期后才发现稿子遗失，再查也一定早给扔了。反正本来要改，凭记忆写出来，不过多费点事。"

这里不妨稍作归纳：一九九一年七月皇冠出版《张爱玲全集》时，原定包括《对照记》和另一篇在内的那本新著，书名已由《对照记》改为《小团圆》，即所列"15 小团圆"是也。同年五月张爱玲说的"《对照记》书中两篇长文"，其中一篇是《对照记》，另一篇应该已经由《爱憎表》换作散文《小团圆》。张爱玲只说散文《小团圆》"这篇东西仍旧用《爱憎表》的格局"，两篇在内容上是什么关系则不得而知。不过能够确定，它们都"把〔小说〕《小团圆》内有些早年材料用进去"，——也许从某种意义上讲，"晚期风格"笼罩在小说《小团圆》未能问世的阴影之下。同年七八月间散文《小团圆》已经写到一半，但却不慎遗失，只好从头再写。张爱玲一九九二年七月八日致夏志清："我出全集还有几篇东西要写。"理当包括这篇在内。一九九三年一月六日致夏志清："为了出全集写的一篇长文迄未写完。"同日致庄信正："我正在写的一篇长文还不到一半。"说的都是散文《小团圆》。

《瑰美的传奇，永恒的停格——访平鑫涛谈张爱玲著作出版》有云："张爱玲写作多年的散文作品《小团圆》终究未能出版，则是一件令人遗憾且痛惜的事。本来，她已应允，《小团圆》可能于一九九四年二月'皇冠四十周年庆'时刊出，也可与《对照记》合集出书。但是她写作此书的进度非常缓慢，主要的原因是她的健康状态时好时坏，让我们也深感忧心，因此不忍催促。她先后来信表示：'……《对照记》加《小团圆》书太厚，书价太高，《小团圆》恐怕年内也还没写完。还是先出《对照记》。(一九九三年，七月三十日)……' '……欣闻《对照记》将在十一月后发表。……《小团圆》一定要尽早写完，不会再对读者食言。(一九九三年，十月八日)……''……《小团圆》明年绝对没有，等写得有点眉目了会提早来信告知。不过您不能拿它当桩事，内容同《对照记》与《私语》而较深入，有些读者会视为炒冷饭。(一九九三年，十二月十日)……'也许，从她来信中的字里行间，可以得知一些讯息，可能《小团圆》是她的某部分自传，可能她已写成一半，可能已在完成阶段，可能……最后还是不及问世，委实令人扼腕长叹。"从所摘录的信件中约略可知该稿的写作进展情况。

　　一九九三年十一月至一九九四年一月,《对照记》连载于《皇冠》第四七七期至第四七九期。一九九四年六月,《对照记》由皇冠文化出版有限公司出版。该书包括两部分,一是《对照记》,一是《散文六帙》,即《罗兰观感》、《被窝》、《关于〈倾城之恋〉的老实话》、《'嗄?'?》、《草炉饼》和《笑纹》。《笑纹》系比较新的作品,一九九三年三月发表于《皇冠》第四六九期。《罗兰观感》等三篇则是陈子善发掘的张爱玲旧作,一九九三年五月一日重新刊载于《联合报》副刊。张爱玲同年六月九日致苏伟贞:"《写〈倾城之恋〉的老实话》我不记得有这篇东西。对于这些旧作反感甚深,但是无法禁绝,请尽管登。先问我,我已经十分领情了。"(苏伟贞著《长镜头下的张爱玲:影像·书信·出版》一书卷首影印,INK 印刻文学生活杂志出版有限公司二〇一一年八月初版)《散文六帙》如何编进《对照记》,张爱玲与皇冠编辑或曾有讨论,然无从知晓。张爱玲留下一篇为

《笑纹》所作的后记，写于一九九四年五月以后，不知为何没有编入书中，生前亦未发表。《对照记》一书前勒口印的"张爱玲的作品"，为"15 对照记"、"16 爱默森选集（译作）"，已无《小团圆》。《爱默森选集》于一九九五年五月出版，所列"张爱玲的作品"与《对照记》相同。

从现已公表的张爱玲信件中，可以得到她继续写散文《小团圆》的一些信息。一九九四年十月五日致庄信正："我正在写的《小团圆》内容全《对照记》，不过较深入。"同年十一月九日致《联合报》副刊陈义芝："她〔指苏伟贞〕信上提及《联副》《皇冠》合刊《小团圆》事，请转告痖弦先生，以后《小团圆》当然仍照宋淇教授原来的安排，在《联副》《皇冠》同时刊出。《对照记》因照片太多，有些极小，零零碎碎，宋淇恐易遗失，径寄皇冠（详见《痒》Ⅱ），所以是例外。不过《小团圆》与《对》是同类性质的散文，内容也一样，只较深入，希望不使痖弦先生失望。"（《长镜头下的张爱玲：影像·书信·出版》卷首影印）所云"《痒》"，指一九九三年十二月二十八日《联合报》副刊所载张爱玲的文章《编辑之痒》。一九九四年十二月八日致宋淇夫妇："这本书［指《对照记》］没什么情节可改编影视，除了引《孽海花》部份。作为我的传记，一看《小团圆》也顿然改观。等写完了《小》要声明不签合同，还照以前的合约。"结合张爱玲所说"《对照记》一文作为自传性文字太浮浅"和"作为我的传记，一看《小团圆》也顿然改观"来看，其以自传为主要载体的"晚期风格"，应该更充分地体现于散文《小团圆》，可惜终其一生，此稿未能完成。

张爱玲一九九二年二月二十五日致宋淇夫妇信中谈及立遗嘱事，有云："《小团圆》小说要销毁。"一九九五年九月八日，她被发现在洛杉矶寓所逝世。后事系由林式同料理。庄信正云："她去世后林式同于同年十月十八日在电话上告诉我，他见到《小团圆》有两种手稿。"（《张爱玲庄信正通信集》）张爱玲一九七六年三月十八日致宋淇夫妇："昨天刚寄出《小团圆》，当晚就想起来两处需要添改，没办法，只好又在这里附寄来两页——

每页两份——请代抽换原来的这两页。以后万一再有要改的，我直接寄给皇冠，言明来不及就算了。"一九七九年七月二十一日致宋淇夫妇："《小团圆》（翻查几处，已经看出许多地方写得非常坏）女主角改学医，……"都说明除宋淇处存有一份张爱玲寄去的小说《小团圆》的手稿——即我们后来所见到的——外，张爱玲自己也留存一份。所以林式同所说"两种手稿"，可能一份是已完成的小说，一份是未完成的散文；如果张爱玲自己已经将那份小说稿销毁了，则有可能是两份不同版本的散文稿。无论如何，可知张爱玲死后，散文《小团圆》的手稿仍然存在。

林式同作《有缘得识张爱玲》云："张爱玲去世后，各方反应的热烈程度，真是大出我意料之外！心想管理她的遗物，责任可不轻，面前摆着的这些信件手稿和衣物，不小心给什么人拿去，又会大作文章，这样我的罪过，可洗也洗不清了。我特别谨慎，按照遗嘱，把所有东西，全部寄给宋淇夫妇，不得有所遗漏！"可知这一环节未曾发生问题，散文《小团圆》的手稿已经寄给宋淇夫妇。

　　然而冯晞乾作《〈爱憎表〉的写作、重构与意义》（收《在加多利山寻找张爱玲》）云："外界一直猜测，宋家的遗稿中还藏着一篇《小团圆》散文，连宋以朗自己也不确定有没有，这次整理《爱憎表》，正好顺带澄清这个疑团。照目前状况来看，遗稿中并没有一篇完整的《小团圆》散文，即使有一些初稿，也是非常零碎的。"

　　在苏伟贞著《长镜头下的张爱玲：影像·书信·出版》中看到两段相关记载。第一段是："我在二〇〇三年三月求证皇冠出版发行人平云，他说明宋淇夫妇依张爱玲遗嘱及他们了解的张爱玲，做出几项较大决定：一，将张爱玲已完成的《小团圆》文稿销毁。二，未完成的文稿不得发表。三，已完成的《知青下放》（'Reeducational Residential Hsia-fang'）仅供保存。"第二段则提到"一九九五年张爱玲平静逝去，遗嘱执行人林式同，将张爱玲遗物分装十余个中型纸箱运交香港给继承者宋淇。一九九六年二月，长年出版张爱玲著作的皇冠出版集团平鑫涛与平云专程前往香港，拜访宋淇商议张爱玲遗物处理事宜。宋淇考量张爱玲在台湾有许多读者，决定‘选择台湾为张爱玲遗物最后的居所’、‘除了张爱玲部分私人书信和衣物予以保留’，其余遗物于二月底运到台湾，交给皇冠。……当时宋淇夫妇依张爱玲遗嘱及他们了解的张爱玲作出几项较大决定”云云，其中所言三项决定与前引第一段所言一模一样，只是在第一项后有云：“根据平云表示，张爱玲曾以小说体写完《小团圆》，因不满意而未曾发表。后来以散文重写，可是只完成部分。平云称张爱玲生前特别写信给宋淇，叮嘱在其死后‘销毁’未完成的《小团圆》。因此《小团圆》没有以小说或散文形式发表的可能了。”

假如所言无误，那么被销毁的是“未完成的《小团圆》”，即张爱玲最后一个时期一直在写的那部散文作品；而张爱玲嘱托宋淇夫妇（“《小团圆》小说要销毁”）和宋淇夫妇嘱托皇冠（“将张爱玲已完成的《小团圆》文稿销毁”）销毁的小说《小团圆》却保存了下来，亦即二〇〇九年由皇冠文化出版有限公司出版的那本书。该书版权页标明“著作完成时间1995年”，实际上小说

《小团圆》完成于一九七六年。行文至此，心中真乃悲喜交集：喜者小说《小团圆》得以幸存，且已公之于世；悲者作者念兹在兹的散文《小团圆》不复存乎天地之间。

[附记] 本篇原拟写入张爱玲"人虫大战"期间看《余韵》校样事，唯尚未完稿，得阅郑远涛作《"酸酸""洞明"——张爱玲对一篇旧作的误解与增华》一文（载二〇二〇年十二月二十九日《澎湃新闻》），于此所述甚详，故不复赘言，只稍作补充如下。

张爱玲一九八七年五月二日致宋淇夫妇："《气短情长〇〇〇》'酸酸''洞明'四字间漏印了一段，下句是说另一人，不记得是谁了。补写了一段附寄了来，请叫人用稿纸抄一份。"该信附件有云：

"P. 143 第六行末：

"〔酸酸〕地一笑，说出话来永远是'一言堂'，从来没有异议。另一个较年青的，兼营洋裁，同是穿着寒素的线呢长袍，手上却戴着一只晶光四射的大钻戒。以他的气派，没人会怀疑不是真钻石，尽管他身材瘦小，貌

208

不惊人，短阔的脸，塌鼻子尖下巴。他少年得意，战后做游客吧女舞女的生意，做得很大。但是我拿出旧车毯改制大衣，旧桌布做旗袍，祖母的绸夹被面做连衫裙，他面不改色，毫无不屑的神气。不过开价特高。有一次他说：'裁缝其实跟工程师一个道理。'是说造成理想的女体的幻象好比造房子，同是用线条构成立体。虽然经过深思，对二者社会地位的悬殊感到不平。我听了也肃然起敬。

"〔分段接下文。'洞明'二字起五行全删。〕"

宋淇同年五月二十四日致张爱玲："五月二日信和'酸酸洞明'的校正稿都收到，在这种情形下，你居然还赶出校稿，真不容易。皇冠因为有很多人虎视眈眈《小艾》，急忙赶出《余韵》，五月初旬出版，五月号《皇冠》杂志和《中国时报》都已见到广告。预备过两天再好好写信给陈皪华，请她在再版时更正。《余韵》我已收到，她们必已寄上单行本给你，希望你收到此信时已见到，大体上算过得去，还有一两处校对上明显的错误。"六月二十二日致张爱玲："《余韵》已出版，想已见到，'酸酸洞明'和其他校对错误我已有信通知。这是你作品中的第十册。"

张爱玲所发现的《余韵》校样的错误，乃袭自唐文标编《张爱玲资料大全集》第一三八至一四一页影印一九四五年四月《小天地》第四期所载《气短情长及其他》之"家主"一节。该文原刊目录页作"气短情长"，正文页作"气短情长及其他"。不过并非她猜测的"漏印了一段"，而是与同一文中"孔子"一节"排印接错了"，而这早在一九四五年六月《天地》第二十一期所载胡览乘（即胡兰成）《张爱玲与左派》中即已指出。

我手边有皇冠出版社一九八七年五月《余韵》初版，同年七月第二版，一九八九年一月第三版。稍作比对，前两版错处均同《气短情长及其他》原刊文，亦即张爱玲所见者；第三版做了更改，如郑文所说"让'家主'的归'家主'，'孔子'的归'孔子'"，然而却对"接错"的断点辨认有误，"家主"一节中作"只要他扁着嘴酸酸洞明"，"孔子"一节中作"一样也世事地一笑"，乃是化大错为小错，并未真像郑文所云彼此"不再相犯"。

我编《张爱玲全集》，除《小团圆》、《重访边城》和《异乡记》三篇系据张爱玲手稿排印外，其余则按出版社事先约定，尽从皇冠版。此处确实有错，"家主"那一句当作"只要他扁着嘴酸酸地一笑"，"孔子"那一句当作"一样也世事洞明"。

至于既然宋淇已将张爱玲对校样的意见转告皇冠，何以《余韵》第三版却是另外一种改法，这也要等有朝一日张、宋与皇冠编辑的通信尽皆面世才能知晓。

二〇二一年一月二十三日

后　记

这里收录的几篇文章，分别涉及张爱玲创作史上的某些时段或事件。此外值得讨论的问题尚有不少，譬如关于《十八春》和《小艾》，《秧歌》和《赤地之恋》，等等，都是我素来感兴趣的，无如目下还凑不够那么多新鲜话可说。利用张爱玲致宋淇夫妇、夏志清、庄信正等人的信件，倒是可以另写几个题目，但线索稍嫌过于清晰，一时也没有兴头做这事。在我看来，写此类文章不宜只采用一本书里的内容，那岂不成了逐条摘录，还得想法子从不止一处寻觅材料，以期相互参照。

再就是想得过少或过多，恐怕皆有所不宜。后者搞不好就陷于穿凿附会。举个例子，高全之著《张爱玲学》

（一方出版有限公司二〇〇三年三月初版）、《张爱玲学续篇》（麦田出版　城邦文化事业股份有限公司二〇一四年四月初版）诚为这一领域的力作，但偶亦难免用力过猛之讥，如比较《半生缘》与《十八春》时所云："改写只改了一个角色姓名：慕瑾改为豫瑾。这是因为他与曼桢关系有所变更。……'慕'自然是爱慕的意思。'瑾'，《辞海》：'美玉也。'曼桢当然就是那块玉——林黛玉？'豫'，《辞海》：'禁而不发'，表示在新版里豫瑾不得再去迷恋曼桢。事实也正如此。"（《本是同根生——为〈十八春〉、〈半生缘〉追本溯源》）既然"事实也正如此"，作者已将情节交代清楚，何必多此一举，再用人名来隐喻什么。书中人物关系变更的并不止这一位，又为何不给他们也改个名字。其实张爱玲在《表姨细姨及其他》中早已说过："林［佩芬］女士在引言里说我的另一篇近作《色，戒》——'……是在探讨人心中"价值感"的问题。（所以女主角的名字才谐音为"王佳芝"？）'使我想到《中国时报》'人间'副刊上曾经有人说我的一篇小说《留情》中淡黄色的墙是民族观念——偏爱黄种人的肤色——同属《红楼梦》索隐派。当然，连《红楼梦》都有卜世仁（不是人），贾芸的舅舅。但是当时还脱不了小说是游戏文章的看法，曹雪芹即使不同意，也不免偶一为之。时至今日，还幼稚到用人物姓名来骂人或是暗示作书宗旨？"所以只能讲《半生缘》里这个人名确实改了，但未必一定具有什么意义。然则，高著对此似颇津津乐道："张爱玲小说人物姓名时寓深意。《留情》那位可资依靠的丈夫姓米，米饭的米。《色，戒》那位无可信赖的男人姓易，变易的易。《等》带着姨太太的男子姓高，高高在上的高；童太太的姓氏与她'像百子图里古中国的男孩'有关，儿童的童；奚太太的姓氏暗示着奚落的社会地位，因为阿芳听过传闻，胆敢主动探询奚先生在重庆另筑新巢的谣言；庞松龄三个字暗示健康长寿，简直像个医生行业的艺名。"（《战时上海张爱玲——分辨〈等〉的荆刺与梁木》）所谓"时寓深意"，往往倒让人觉得理解并不到位，譬如《色，戒》里的易先生，无论对王佳芝还是易太太都扯不上"无可信赖"罢。

关于前者也来举个例子。张爱玲冥诞一百周年之际，有学者发现《中南日报·说荟》连载署名"佛兰西斯·桑顿著 张爱玲译"的《冰洋四杰》，所见为一九五三年十月十四日登载之"四：在血海里辛苦工作"，十月二十八日之"十八：约翰做了神父"，二十九日之"十九：手指似的半岛"，十一月二日之"廿三：鱼雷爆炸"，三日之"廿四：船往一边倒"。又发现香港中南日报社一九五四年八月出版的《海底长征记》，封面署"（美）比齐原著 爱珍译"，版权页署"原著者：E.L.Beach 译者：爱珍"。该书"卷首语"云："这一篇可歌可泣的动人故事，是第二次世界大战期间的写实记载。于一九五四年五月六日起在本报综合版'中南海'连续刊载，将及三阅月。全文长逾十二万字，译笔简洁流畅，深受读者欢迎。兹应各方纷纷要求，特提前出版单行本，想读者均以先睹全豹为快也。"唯《中南日报·中南海》连载者迄未见。这些似乎可以证明，慕容羽军《我所见到的胡兰成》一文（收《浓浓淡淡香港情》，当代文艺出版社一九九六年出版）所言《中南日报》曾经连载过张爱玲一部署名"爱珍"的译作一事属实。该文有云："我参加了

《中南日报》工作，一次偶然的机会，《今日世界》的朋友谈起张爱玲的译稿交得很准时。已经积存了三部稿了。我灵机一动，问他可不可以把一部稿交给我们的报纸连载。那位朋友大喜，笑道：这是最好不过的方式，反正印书也是希望多些人看到，连载之后再印书，会显得作品更受重视。当下，这位朋友便把一部小说的译稿交给我，然后说：这部小说请在三个星期之后才可在报上登出，因为我们要办一个行政上的手续，手续完成之后，我会给你电话。也不待三个星期，朋友的电话来了，告诉我可以开始连载了。于是我拟了一个预告，交给报社主事人，刊登在第一版的显眼处。这一显眼预告一登出，立即招来张爱玲的电话。我一接听，她边呱啦呱啦的说：很对不起，想请你帮个忙，不要把我的名字登在报上，可不可以？我听了她这么说，陡然呆住了。我说：你嫌我们的报纸不够名气？这份报纸虽属出未几，销路还算不错呢！张爱玲说：不是这个意思，我只是想，不要给别人感觉到我参加报纸的行列。彼此对话之后，都没有结论，放下话筒不久，交这份稿给我的朋友拨电话给我，说：张爱玲这人很难缠，她硬是不想在报纸见到她的名字。我说：她刚来过电话，她说的理由并不怎么充分，是否另有特殊原因？朋友说：我猜不出有别的原因，也许这就是有名气的人的怪脾气。我告诉这位朋友，坦白说出我们的报纸也想借助一下她的名气。朋友也抱歉，表示拗她不过，不如顺她一下，把她的名字取消算了，反正有原作者，没有译者关系不大。我说：预告也登出来了，怎么办？朋友说：你想想办法，我知道你眉头一皱，便会计上心来，就这样吧！拜托你了。没有商量余地，怎么办？我把这讯息告诉报纸负责人，负责人的脸色也不怎么好看，说：为甚么不早点声明？她不肯用她的名字，我们又为何要这篇稿？看来很僵，我忙解释说：这篇稿很好，反正付稿费的不是我们，不如用取巧的方法，把预告改一改，仍依原定的时间发表，把译者的名字最后的玲字改为珍字，正式刊出时，译者名字用行书写得近玲字，算是交代了。负责人无奈，只好依我的建议，把译者张爱玲写成译者：张爱珍，绘制题头画时，用行书写译者的名字，把珍字写得有点像玲字，算是交代了。事情并不就此完结，译稿正式登出的那一天，这位姑奶奶的电话又来了，她说：又来麻烦你，我知道你把译者的名字改了，但写出来的珍字，仍然又八九分似玲字，可不可以把张字删去？希望你再帮我这一点忙！很无奈，终于替她删掉了'张'字，变成了爱珍译。"对照上述发现复阅此文，不免疑窦丛生：《海底长征记》署"爱珍译"，据云又曾在《中南日报》连载，慕容羽军讲的当系此篇，尽管并非小说而是"写实记载"。按照他的说法，显然《中南日报》是头一次与张爱玲打交道，但是如若同在该报连载的《冰洋四杰》和《海底长征记》均系张爱玲所译，那么由"张爱玲"改为"张爱珍"又改为"爱珍"就是第二次打交道的结果了。该报一九五三年十月既已发表署名"张爱玲译"的《冰洋四杰》，为什么一九五四年五月发表《海底长征记》时，张爱玲又以"不要给人感觉到我参加报纸的行列"为由不同意使用本名了呢。又据慕容羽军讲，该译稿属于《今日世界》，"反正付稿费的不是我们"，那为什么会由中南日报社"应各方纷纷要求，特提前出版单行本"呢。两部译作的发现，在某种意义上甚至成了不利于慕容羽军的证据。如果张爱玲讲"不要把我的名字登在报上"是真的，那么《冰洋四杰》所署"张爱玲译"就是假的；如果《冰洋四杰》真是张爱玲译的，那么慕容羽军的说法就不成立，爱珍译《海底长征记》也与张爱玲了无干系。至于张爱玲会不会直接把电话打到《中南日报》，还"呱啦呱啦的说"，姑且勿论。翻译《冰洋四杰》和《海底长征记》一事，当事人张爱玲和相关人等如理查德·麦卡锡、宋淇和邝文美向未提及，仅凭慕容羽军一人的"回忆"，与沈寂"回忆"《春秋》所载霜庐译毛姆作短篇小说《红》出自张爱玲之手一样，当属孤证不立。概而言之，《论语·先进》："子曰：'过犹不及。'"吾辈自应铭记。

二〇二二年十月十一日